Al di là della sottomissione

Rudolf Kutschera

Al di là della sottomissione

Una risposta teologica all'Islam

PETER LANG

Bibliografische Information der Deutschen Nationalbibliothek
Die Deutsche Nationalbibliothek verzeichnet diese Publikation
in der Deutschen Nationalbibliografie; detaillierte bibliografische
Daten sind im Internet über http://dnb.d-nb.de abrufbar.

ISBN 978-3-631-84987-3 (Print)
E-ISBN 978-3-631-85854-7 (E-PDF)
E-ISBN 978-3-631-85855-4 (EPUB)
E-ISBN 978-3-631-85856-1 (MOBI)
DOI 10.3726/b18581

© Peter Lang GmbH
Internationaler Verlag der Wissenschaften
Berlin 2021
Alle Rechte vorbehalten.

Peter Lang – Berlin · Bern · Bruxelles · New York ·
Oxford · Warszawa · Wien

Das Werk einschließlich aller seiner Teile ist urheberrechtlich
geschützt. Jede Verwertung außerhalb der engen Grenzen des
Urheberrechtsgesetzes ist ohne Zustimmung des Verlages
unzulässig und strafbar. Das gilt insbesondere für
Vervielfältigungen, Übersetzungen, Mikroverfilmungen und die
Einspeicherung und Verarbeitung in elektronischen Systemen.

Diese Publikation wurde begutachtet.

www.peterlang.com

Sommario

Il libro esamina aspetti teologici del Corano. Intuizioni centrali degli odierni studi sull'Islam sono rese accessibili a un pubblico non specializzato.

Il primo capitolo esamina le fonti del Corano, che possono essere identificate sia come "forma mentis" (struttura del pensiero) sia attraverso diversi paralleli testuali con il Corano *stesso*: elementi giudaico-cristiani, manichei, bizantini, nestoriani e dell'Antichità. In questo contesto, l'accento specificamente islamico del Corano appare sotto una nuova luce.

Il secondo capitolo si occupa dell'antigiudaismo nel Corano e di come importanti figure bibliche, quali Abramo e Mosè, vi siano rappresentate. Questa ricerca conduce alla conclusione che ogni dialogo cristiano-musulmano di rilevanza può soltanto essere condotto includendo delle voci ebraiche.

Il terzo capitolo esamina il modo in cui Gesù è presentato nel Corano e il fondamentale interesse che il Corano ha nel tratteggiare Gesù e altri personaggi biblici come predecessori di Maometto. Ma c'è una chiave decisiva per una comprensione più profonda di Gesù: la riscoperta sia della tradizione ebraica, sia degli aspetti dimenticati del dogma della Chiesa, in particolare quelle decisioni dogmatiche che risalgono proprio allo stesso periodo della nascita del Corano.

Il quarto capitolo presenta due visioni poco conosciute sull'Islam: quella del filosofo ebreo Franz Rosenzweig e quella del Papa emerito Benedetto XVI, presentata soprattutto nella Lectio Magistralis di Ratisbona del 2006. Entrambi gli autori, con grande lucidità, chiariscono centrali questioni teologiche sollevate dall'Islam e offrono una risposta razionalmente responsabile.

Abstract

This book examines central theological aspects of the Qur'an and of Islam. Its four chapters seek to present certain key insights of contemporary Islamic Studies in a way that is accessible to a non-specialist public.

The first chapter examines the sources of the Qur'an, which can be identified both in the "forma mentis" (mindset) reflected in the Qur'an and in textual parallels derived from Judeo-Christian, Manichaean, Byzantine, Nestorian and Roman elements. This perspective casts a new light on the specifically Islamic accent of the Qur'an.

The question of anti-Judaism in the Qur'an, considered in the second chapter, compares the way in which central biblical figures such as Abraham and Moses are depicted in the Tanakh/Old Testament and in the Qur'an. This leads to the conclusion that it is essential for meaningful Christian-Muslim dialogue that Jewish voices always be included.

A critical examination of the Qur'anic presentation of Jesus in the third chapter reveals its interest in transforming Jesus and other biblical figures into precursors of Muhammad. The decisive key to a deeper understanding of Jesus lies in rediscovering both the Jewish tradition and forgotten aspects of Church dogma, which were clarified at the same time as the Qur'an was written.

The fourth chapter presents two little-known views on Islam: that of the Jewish philosopher Franz Rosenzweig and that of Pope emeritus Benedict XVI, as set out in the Regensburg lecture of 2006. With great candor and integrity, both authors try to get to the heart of the theological questions raised by Islam, thereby contributing decisively to a rationally justifiable response.

Indice

Premessa 11

1. Le fonti del Corano 15

   1.1 Il Corano nel suo contesto storico 15
       Maometto e il Corano 15
       Il carattere letterario del Corano 17
       Influenze cristiane ed ebraiche 18
       Una visione realistica dell'origine del Corano 21
       La questione delle fonti del Corano 22

   1.2 Tracce giudaico-cristiane 25
       Indicazioni di influenze giudaico-cristiane
       nel Corano 25
       Il Sigillo dei Profeti e l'invio di un angelo 27
       L'accusa di falsificazione delle Scritture 28
       Fonti identificabili 29
       La rilevanza delle influenze giudaico-cristiane 30

   1.3 Elementi manichei 31
       Il Manicheismo nel contesto dell'Islam emergente 31
       Riferimenti testuali manichei nel Corano 32
       Convergenza e divergenza di contenuti 33

   1.4 Altre influenze sul Corano e sull'Islam emergente 35
       L'unità di politica e religione
       nell'Impero Bizantino 35
       Divisioni teologiche all'interno del Cristianesimo 36

Analogie teologiche tra Islam e Nestorianesimo ... 38
Influenze dal pensiero giuridico dell'Antichità 40

1.5 La specificità islamica 44
Giudizi tradizionali dei teologi cristiani
sul Corano 44
Fusione tra poesia e sentimento di superiorità 45
La teologia specificamente musulmana 46

2. Antigiudaismo nel Corano? 51

2.1 La rilevanza della questione 51
Due esempi attuali 51
Una sura esemplare 52
La trasformazione dei contenuti biblici
nel Corano 53
Dichiarazioni del Corano sulla pluralità
delle religioni 55

2.2 Abramo e Mosè nel Corano 58
Dall'Abramo biblico al prototipo
del devoto musulmano 58
Mosè – da legislatore biblico
ad accusatore degli ebrei 61

2.3 Le fasi del rapporto con gli ebrei nel Corano 64

2.4 Domande all'antigiudaismo coranico 69
Orientamenti intra-islamici 69
L'esempio di una voce ebraica sul Corano 70
Una missione cristiana 71

3. Gesù nel Corano 75

3.1 Fonti della percezione coranica su Gesù 75
Il ricorso alle fonti apocrife 75
Arbitrarietà teologica nelle fonti apocrife 77

3.2 Caratteristiche della percezione coranica su Gesù 79
Rappresentazioni di Gesù 79
Il discorso di difesa del neonato nella sura 19 80
Gesù come prefigurazione di Maometto
e modello profetico 82
Il rifiuto della crocifissione di Gesù 83
Il ricorso al docetismo 84
Gesù-Issa come accusatore escatologico
dei cristiani 85

3.3 L'argomentazione coranica contro la divinità
di Gesù 87
Modelli di argomentazione 87
Il titolo di Figlio di Dio 88

3.4 Gesù nell'attuale approccio cristiano-islamico 90
Il metodo della Teologia Comparativa 90
Il metodo comparativo e la domanda coranica
su Gesù 92
Questioni sul metodo comparativo 94

3.5 Una comprensione più profonda di Gesù 97
La sfida lanciata dalla diversità delle culture 97
La tradizione di Israele come ausilio correttivo ... 98
La riscoperta dell'unificazione
del libero arbitrio 101

4. Franz Rosenzweig e Joseph Ratzinger sull'Islam 105

4.1 L'Islam come fenomeno complessivo 105

4.2 La percezione dell'Islam
da parte di Franz Rosenzweig 106
Contesto biografico 106
Paganesimo naturale sotto forma di rivelazione . 108
La mancanza dell'"intima inversione" 110
Il despota orientale 112
Paralleli di un movimento riformista islamico 114
Redenzione e rivelazione 114
Rivelazione come entità separata dal mondo 117
Le conclusioni di Rosenzweig 119

4.3 La *Lectio Magistralis* di Ratisbona
di Papa Benedetto XVI 121
Contesto della *Lectio Magistralis* 121
Vastità della ragione 123
Approfondire la conoscenza di Dio 125
Ostacoli sulla via della comprensione 126

4.4 Sintesi e prospettive 129

Bibliografia 131

Premessa

La parola "Islam" significa "sottomissione", anche se altre traduzioni sono possibili, e il fondamento di questa sottomissione è il Corano. Ma è possibile accostarvisi senza sottomettersi anche alla sua logica? *Al di là della sottomissione* fa questo tentativo, presentandosi come il risultato di alcuni anni di studi teologici sull'Islam. L'autore di questo studio ha come punto di riferimento l'illuminismo ebraico-cristiano e il suo ordinamento non violento fondato sulla libertà, e anche ha quale punto di riferimento la dignità di ogni uomo, cui questo fondamento libero e non violento obbliga.

La discussione pubblica sull'Islam oscilla tra banalizzazione del fenomeno e demonizzazione degli individui che vi si riconoscono: come parlarne evitando di incagliarsi in queste posizioni estreme?

Questo libro raccoglie i fondamentali orientamenti degli odierni studi sull'Islam con l'obiettivo di renderle accessibili a un più ampio pubblico, affrontando anche le questioni che, secondo una logica di sottomissione e di convenzioni "politicamente corrette", non dovrebbero nemmeno essere menzionate.

Se si vuole rispondere all'Islam attraverso un approccio teologico, è quindi necessario fare un passo indietro rispetto a questa abituale politica; impresa anch'essa largamente disapprovata, perché sospetta di favorire un ritorno a sfortunati confronti tra religioni e a ben conosciute polemiche del passato. Ma Maometto, che nella tradizione islamica è chiamato Profeta, ha inaugurato un programma teologico, rivolgendosi nel Corano direttamente a cristiani ed ebrei in innumerevoli passaggi. Perché, quindi, non tentare di rispondere al Corano e all'Islam anche teologicamente?

A tal fine sono state individuate quattro tappe argomentative,

1- le fonti del Corano insieme a ciò che ha influenzato la sua creazione
2- come il pervasivo antigiudaismo presente nel Corano ha plasmato il rapporto con gli ebrei fino ad oggi
3- come Gesù viene percepito nel Corano e la conseguente domanda riguardante i cristiani
4- due tentativi filosofico-teologici di rispondere all'Islam nel suo complesso

Questo libro non è quindi un'introduzione all'Islam, né un contributo specializzato agli studi islamici; non è neanche una discussione su questioni socio-politiche riguardanti l'Islam, né un confronto tra religioni.

Il seguente esempio illustra l'intenzione che lo anima: Maometto ha vegliato sulla crescita della sua comunità e del suo contesto familiare con un interesse vigile. Il suo figlio adottivo Zaid sposò una bella donna e la portò in casa. Doveva la bella moglie di Zaid essere negata a Maometto, in quanto Profeta di Allah? Nel quarto anno dell'era islamica, Maometto vide la moglie di Zaid "svelata subendone immediatamente il fascino. Sollecitò, quindi, il figlio adottivo a separarsi da lei e poi la sposò."[1] Per questa ragione nella sura 33 del Corano una parola "divina" viene data a Maometto e a tutti coloro che vivono la stessa situazione: "Quando Allah e il Suo Inviato hanno decretato qualcosa, non è bene che il

---

[1] Nagel, Tilman: Was ist der Islam? Grundzüge einer Weltreligion. [Cos'è l'Islam? Caratteristiche di base di una religione mondiale]. Duncker&Humblot: Berlin 2018, p. 127. Tutte le traduzioni da fonti non italiane sono dell'autore e di collaboratori italiani.

credente o la credente scelgano a modo loro... Quando poi Zaid non ebbe più relazione con lei, [Noi = Allah] te [= al Profeta Maometto] l'abbiamo data in sposa... L'ordine di Allah deve essere eseguito."[2]

Questo dettaglio del Corano mostra che il "Decreto di Allah" sembra legittimare l'accesso a tutte le persone, un "diritto" che è stato quindi applicato anche nei confronti di tutte le religioni e tradizioni precedenti.

Chiarire queste connessioni da un punto di vista storico e teologico è fondamentale per il futuro del mondo, come dimostra un'osservazione del filosofo Franz Rosenzweig, secondo il quale il confronto con l'Islam plasmerà il terzo millennio.

---

[2] Sura 33,36-37 (estratti). Questa traduzione italiana costituisce un'interpretazione, suggerendo che Zaid abbia voluto divorziare di propria iniziativa cioè assolvendo Maometto da possibili comportamenti moralmente dubbiosi.

1. Le fonti del Corano

1.1 Il Corano nel suo contesto storico

Maometto e il Corano

L'Islam ha avuto origine nella penisola arabica nel VII secolo d.C., nel periodo della tarda antichità, secondo la prospettiva europea. Questo era il mondo di quel mercante grande viaggiatore di nome "Maometto"[3] (570-632) che in ambiente islamico viene chiamato Profeta. Anche se molti particolari biografici su Maometto risultano ad oggi controversi[4], essi sono di scarsa rilevanza per un'indagine teologica sul Corano e sull'Islam di oggi.

Alcuni dati di massima riguardanti la vita di Maometto, sono tuttavia di aiuto per un orientamento:

- 570 d.C.: nasce alla Mecca, orfano in tenera età, in seguito viaggia molto per lavoro
- 595: si sposa con la ricca mercante vedova Khadija
- 610: ha le prime visioni mistiche

---

[3] Nomi e termini arabi, ad eccezione delle citazioni, sono per lo più riprodotti nelle consuete trascrizioni italiane o tedesche.

[4] La prima biografia di Maometto è stata scritta circa cento anni dopo la sua morte e mostra chiari segni di una visione idealizzata. Tuttavia – con la maggior parte degli studiosi di coranica occidentale di oggi – si può supporre che questi dati biografici di base siano fondamentalmente corretti. Studi che ribaltano completamente le conclusioni della maggioranza, come quelli di Luxenberg e Ohly sono – nonostante la correttezza delle singole osservazioni – da considerare come infondati a causa delle acrobazie filologiche che contengono, e quindi irrilevanti.

- 619: muore Khadija e hanno luogo i conflitti polemici alla Mecca
- 622: Emigra (Hijra) a Medina – ha inizio l'era musulmana
- 624-627: crescita della comunità, incursioni contro carovane e lotte contro la Mecca
- 628: Sottomissione degli ebrei di Khaybar dopo una devastante battaglia contro di loro
- 630: Maometto e il suo esercito entrano alla Mecca
- 632: Maometto muore

Il Corano riflette la drammatica lotta di Maometto e della sua prima comunità musulmana per l'affermazione della nuova dottrina. Di conseguenza, le edizioni coraniche[5] di solito distinguono le sure "Meccane" dalle sure "Medinesi".[6]

Mentre fino a tutto il XX secolo al centro dell'interesse generale vi è stata la persona di Maometto come autore del Corano, la più recente ricerca coranica si è concentrata sulla comunità musulmana emergente, riconoscendole un ruolo almeno altrettanto importante nella creazione del testo sacro.[7] Le tappe biografiche della vita di Maometto e le fasi

---

[5] Le citazioni dal Corano sono per lo più prese dalla seguente traduzione italiana: http://www.sufi.it/Corano/2.htm. Talvolta vengono inserite brevi spiegazioni, riconoscibili dall'uso del corsivo tra parentesi quadre. Anche le aggiunte testuali della stessa traduzione italiana sono inserite tra parentesi quadre, ma non in corsivo.

[6] Spesso si fa un'ulteriore distinzione tra le sure Meccane iniziali, medie e tardive. Tuttavia, questa distinzione ha poca rilevanza per la comprensione dei contenuti del Corano, poiché la maggior parte dei suoi lettori o ascoltatori adottano questi contenuti indipendentemente dalle attribuzioni cronologiche.

[7] Cfr. in particolare: Neuwirth, Angelika: Der Koran als Text der Spätantike [Il Corano come testo della tarda antichità. Un

di sviluppo della sua comunità si riflettono chiaramente nella rappresentazione coranica delle figure bibliche.⁸ Dopo la morte di Maometto, si sono avute ulteriori revisioni del testo coranico, che raggiunge la sua forma finale circa un secolo dopo.⁹

Il carattere letterario del Corano

La parola araba "Corano" significa "lettura" e si riferisce ad un contesto liturgico, cioè di culto. Non desta meraviglia, pertanto, che contenga molti riferimenti ai salmi biblici. Dal punto di vista letterario, il Corano è un "discorso persuasivo appellatorio"[10]. Lo si vede dall'utilizzo informale quasi continuo del "tu", che parte da un "io" o da un "noi" trascendente – con cui si intende Allah – e si rivolge a un "araldo", "che a sua volta si rivolge a un pubblico"[11]. Si tratta quindi di una sorta di dramma su due livelli: nel primo, "Allah"

---

 approccio europeo]. Verlag der Weltreligionen: Berlin 2010. Questo lavoro è considerato un'opera basilare per l'approccio storico-letterario al Corano.

[8] Cfr. i capitoli 2 e 3 di questo libro.

[9] Le controverse questioni sulla genesi, sulla particolarità letteraria o sulla paternità del Corano (sunnita) non possono essere affrontate in questa sede. Il testo finale con le sue 114 sure (= capitoli) rappresenta la fonte più rilevante della fede sunnita-musulmana cioè di circa il 90 % di tutti i musulmani. Per praticità, Maometto verrà per lo più nominato come autore del Corano, anche se diversi altri autori e redattori della cerchia della comunità musulmana emergente sono stati coinvolti fino alla produzione del testo finale.

[10] Neuwirth, Spätantike, p. 562.

[11] Neuwirth, Spätantike, p. 563, per altri dettagli sullo "scenario di comunicazione e interazione multilivello" del Corano.

parla ed agisce come un attore, e nel secondo le sue parole ed opere vengono riferite. Questo scenario, in continua evoluzione, provoca una certa confusione nel lettore che, inizialmente, tende a confrontare il testo del Corano con la Bibbia. All'interno di questa apparente confusione di voci, tuttavia, si possono individuare fonti e influenze piuttosto specifiche, che saranno esaminate più dettagliatamente in seguito.

Influenze cristiane ed ebraiche

Come documenta la mappa riportata sopra, il panorama religioso dell'Arabia ai tempi di Maometto era molto vario. Oltre a un politeismo dominante, vi erano anche cristiani – sia isolati che in insediamenti raggruppati – e comunità di ebrei più numerosi, a Medina e dintorni.

Un sottile strato della popolazione, influenzato dalla cultura greca di Siria e Palestina e risiedente nella parte più settentrionale della penisola arabica, apparteneva alla chiesa imperiale bizantina. La maggior parte invece era "monofisita", cioè riconosceva in Gesù (come molti cristiani orientali fino ad oggi) esclusivamente la natura divina. Possiamo dire, quindi, che Maometto non ha conosciuto il Cristianesimo nella sua forma "calcedoniana", quella, cioè, della Chiesa ufficiale[12], ma in una forma eretica.[13]

---

[12] Nel Concilio di Calcedonia del 451 fu definito che la natura divina e umana erano contemporaneamente presenti in Gesù Cristo "non mischiate e non separate". Ancora oggi questa definizione rappresenta un dogma per le principali chiese cristiane.

[13] Cfr: Simon, Róbert: "Mani and Muhammad" [Mani e Maometto]. Jerusalem Studies in Arabic and Islam 21, 1997, p. 127.

Una missione cristiana sistematica condotta nella penisola araba non aveva ancora avuto luogo, ma le sue regioni desertiche erano abitate da monaci o eremiti. Per lo più loro "avevano litigato con la loro chiesa per motivi dogmatici o disciplinari e si erano rifugiati nel deserto".[14] È inoltre probabile che mercanti cristiani percorressero le rotte commerciali della regione. I racconti contemporanei riferiscono anche di un falegname copto che costruì il tetto della Kaaba intorno al 605 e si è ipotizzato che predicatori cristiani itineranti si muovessero di mercato in mercato a scopi missionari, forse proprio nell'Arabia meridionale, dove "Maometto ricevette importanti impulsi per la sua predicazione".[15]

Maometto e i suoi compagni di fede hanno quindi, avuto informazioni sul Cristianesimo soprattutto grazie a tradizioni orali, partecipando a funzioni religiose e a dispute; pertanto, l'identificazione dei "testi di riferimento" o delle "fonti" del Corano si scontra con il problema fondamentale dell'oralità di una tradizione che non era stata registrata per iscritto. Di conseguenza, la ricostruzione delle fonti coraniche risente della scarsità di scritti conservati. Anche i testi e le narrazioni bibliche e post-bibliche sono entrati nel Corano sempre passando per il filtro della proclamazione orale. Ne risulta che gli autori del Corano hanno potuto attingere alla conoscenza biblica per lo più solo per "sentito dire" e su

---

[14] Busse, Heribert: Die theologischen Beziehungen des Islams zu Judentum und Christentum [Le relazioni teologiche dell'Islam con l'Ebraismo e il Cristianesimo]. Wissenschaftliche Buchgesellschaft: Darmstadt 1991, p. 11s.

[15] Cfr: Andrae, Tor: Der Ursprung des Islams und das Christentum [L'origine dell'Islam e del Cristianesimo]. Almquist & Wiksell: Uppsala: 1926 Hildesheim: 1977 – ristampa, p. 201.

questa base necessariamente debole ed imprecisa hanno poi costruito la propria interpretazione.[16]

Il Corano riflette in modo estensivo anche le dispute con gli ebrei che si sono svolte soprattutto a Medina. Per questo motivo, i testi biblici sono confluiti nel Corano "molto spesso attraverso l'esegesi delle tradizioni rabbiniche"[17] o sotto forma di apocrifi ebraici e cristiani.[18] Le influenze bibliche sul Corano sono così da intendere sempre come *trasmesse*. La Bibbia nel Corano è costantemente una "Bibbia interpretata"[19], in quanto riprende per lo più le interpretazioni ebraiche o cristiane dando loro uno specifico orientamento islamico.

---

[16] Cfr: Reynolds, Gabriel Said: The Qur'ān and Its Biblical Subtext. [Il Corano e il suo "sottotesto" biblico]. Routledge: London 2010, p. 2.

[17] Neuwirth, Angelika: Im vollen Licht der Geschichte [Nella piena luce della storia]. In: Hartwig, Dirk et al.: „Im vollen Licht der Geschichte: [Nella piena luce della storia]. Ergon: Würzburg; 2008, p. 29.

[18] Si tratta di scritti post-biblici o extrabiblici della tradizione ebraica o cristiana. Si veda anche la sezione 3.1 di questo libro, "Fonti della percezione coranica su Gesù".

[19] Il noto islamista Sidney H. Griffith riassume le sue ricerche sulla Bibbia nel Corano usando l'espressione "Bibbia interpretata", cfr. "Christian Lore and the Arabic Qur'ān: the "Companions of the Cave" in Sūrat al-Kahf and in Syriac Christian tradition" [La Tradizione Cristiana e il Corano Arabo: i "Compagni della Caverna" nel Sūrat al-Kahf e nella tradizione cristiana siriaca], in The Qur'ān in Its Historical Context [Il Corano nel suo contesto storico], a cura di Gabriel Said Reynolds, (London & New York: Routledge, 2008), p. 109–137.

Una visione realistica dell'origine del Corano

La ricchezza di testi di riferimento letterario e biblico all'interno del Corano dimostra che la sua origine non è affatto dovuta alle ispirazioni mistiche di un veggente vissuto nella solitudine del deserto che ebbe contatti occasionali con ebrei o cristiani: "Non è da presumere un 'autore' dietro il Corano, ma – prescindendo dalle primissime sure [cronologicamente intese], che riflettono un dialogo individuale tra Dio e l'uomo – piuttosto una discussione all'interno della comunità che si protrae per tutto il periodo dell'attività del predicatore."[20] Le fonti così come le discussioni, sono state poi riassunte e redatte da una figura carismatica e unite in un testo definitivo dopo la morte di Maometto, molto probabilmente ancora nel VII secolo.[21]

Il Corano stesso respinge categoricamente il sospetto che Maometto abbia ottenuto informazioni da altre fonti[22]

---

[20] Neuwirth 2010, p. 44.
[21] Dopo aver esaminato varie teorie sull'origine del Corano, Neuwirth giunge alla seguente conclusione: "Il presupposto secondo cui il Corano, che inizialmente fu insegnato principalmente per via orale in vari centri dell'emergente impero [islamico], ricevette la sua forma testuale vincolante molto presto, forse già nel 655 [cioè durante il regno del terzo califfo ʿUthmān], e al più tardi ai tempi di ʿAbd al-Malik [un importante califfo omayyyade] intorno al 690, può difficilmente essere ignorato." (Neuwirth 2010, p. 252).
[22] Cfr. sura 16,103, dove oltre a questo rifiuto delle fonti non coraniche, si stabilisce anche che solo l'arabo è una fonte divina di rivelazione: "Sappiamo bene che essi dicono: «C'è un qualche uomo che lo [= il Profeta] istruisce», ma colui a cui pensano parla una lingua straniera, mentre questa è lingua araba pura."

sottolineando che non sapeva né leggere né scrivere,[23] e attesta così che Allah stesso, cioè l'ispirazione divina trasmessa dall'arcangelo Gabriele (una figura ripresa dalla tradizione biblica)[24] è la fonte della sua predicazione. Da ciò deriva, da parte musulmana, un fondamentale scetticismo nei confronti della ricerca storico-critica e letteraria del testo coranico. A parte questo, l'interpretazione musulmana del Corano dà sempre precedenza al significato *generale* di un versetto rispetto ad una *specifica* interpretazione modellata dal contesto in cui è stato scritto.[25]

Proprio perché queste decisioni preliminari da parte musulmana rendono più difficile una discussione aperta sulle origini del Corano, una visione realistica delle fonti – al di là del dovere di sottomissione – si rivela tanto più necessaria. Le fonti bibliche svolgono un ruolo eccezionale in questa prospettiva.

La questione delle fonti del Corano

L'Islamista ebreo-tedesco Heinrich Speyer (1897–1935) elenca, nella sua fondamentale opera *Die biblischen*

---

[23] Cfr. sura 29,48: "Prima di questo non recitavi [= il Profeta Maometto] alcun Libro e non scrivevi con la tua destra; [ché altrimenti] coloro che negano la verità avrebbero avuto dubbi."

[24] Cfr. sura 2,97, uno dei tre versetti in cui Gabriele (in arabo: Gibril) è menzionato nel Corano: "... Gabriele, che con il permesso di Allah lo ha fatto scendere [= il Corano] nel tuo cuore [= Maometto] ..."

[25] È così che il filosofo islamico della religione, Shabbir Akhtar, riassume l'orientamento di base dell'esegesi del Corano islamico in Islam as Political Religion. The future of an imperial faith [L'Islam come Religione Politica. Il futuro di una fede imperiale] Routledge: London 2011, p. 169.

Erzählungen im Qoran (*I racconti biblici nel Corano*), un totale di 164 testi le cui tracce si trovano nel Corano. Li raggruppa in apocrifi ebrei e cristiani, da un lato, e in letteratura ebraica e cristiana dall'altro.[26] Così facendo, egli diagnostica un "sorprendente incastro di storie bibliche e post-bibliche" e nota che molti versetti coranici "cercano di imitare i salmi o persino più probabilmente omelie cristiane".[27]

Speyer fa parte della tradizione della ricerca coranica iniziata da Abraham Geiger con la sua tesi dottorale del 1833 *"Was hat Mohammed aus dem Judenthume aufgenommen"* (*Che cosa ha assimilato Maometto dall'Ebraismo?*). Geiger, come altri autori nei secoli precedenti, ha considerato Maometto come autore del Corano. Nel frattempo, però, la conoscenza filologica raggiunta afferma "che il Corano è il prodotto di un processo di comunicazione dinamico e complesso."[28] Questa complessità esclude, quindi, anche la possibilità che il Corano possa essere considerato unidimensionalmente come una copia dei modelli ebraici o cristiani. Le ipotesi che ne derivano – che possa trattarsi, ad esempio, della traduzione di un testo siro-aramaico – devono essere riferite al regno della speculazione[29] e sono da considerarsi problematiche anche perché, in ultima analisi, renderebbero superfluo un esame critico del *contenuto* del Corano.

Secondo l'attuale ricerca, molte influenze, comprese quelle della letteratura araba, hanno avuto un impatto sul

---

[26] Speyer, Heinrich, *Die biblischen Erzählungen im Qoran* [I racconti biblici nel Corano]. Olms: Hildesheim 2013, p. 502–505.
[27] Speyer, *Die biblischen Erzählungen*, p. 463s.
[28] Neuwirth 2010, p. 94.
[29] Per saperne di più: Neuwirth 2010, p. 100.

testo coranico e possono essere identificate in modo relativamente preciso, anche in dettaglio.[30]

La tradizione islamica chiama l'era preislamica della penisola araba "Jāhiliyā, 'barbarie', dipingendola come un paesaggio desertico sterile, popolato principalmente da beduini estranei alla cultura."[31] Secondo questa percezione, quello sfondo scuro si staglia contro l'Islam che brilla nella piena luce della storia. In realtà però, quel buio non è mai esistito.

Di seguito esamineremo più da vicino le influenze sul Corano più rilevanti in vista dell'interpretazione teologica del suo messaggio.

---

[30] Per la sua ampia accessibilità, il progetto di ricerca della Berlin-Brandenburgische Akademie der Wissenschaften (l'Accademia delle Scienze di Berlino-Brandeburgo) merita una menzione speciale. Questa accademia mette a disposizione online un commento completo sul Corano in tedesco e in inglese, disponibile su "corpuscoranicum.de". Qui, molti versetti coranici vengono messi in rapporto con altri testi ad essi contemporanei, in modo che sia possibile determinare più precisamente in prospettiva storico-letteraria ciò che il versetto coranico intendeva dire in origine.

[31] Marx, Michael: Programmatik des Akademienvorhabens "Corpus Coranicum" [Programma del progetto dell'Accademia Corpus Coranicum]. In: Hartwig, Dirk: Im vollen Licht der Geschichte, 2008, p. 52s.

1.2 Tracce giudaico-cristiane

Indicazioni di influenze giudaico-cristiane nel Corano

Tra le fonti del Corano e dell'Islam si ritrovano significative influenze giudaico-cristiane.[32] Ne è indizio già la parola "Nasir", che in arabo significa "cristiano", un termine con cui probabilmente in origine si intendevano i gruppi giudeo-cristiani, cioè i "Nazareni". Con la parola "giudeo-cristiani" si intendono gruppi di ebrei secondo cui Gesù è il Messia di Israele, pur restando pienamente ebrei. Questi gruppi, considerati presto eretici all'interno del primo Cristianesimo, riflettono la drammatica e secolare lotta che rende ancora oggi difficile la definizione del rapporto tra Ebraismo e Cristianesimo.

L'interesse verso queste influenze ha dato vita ad una lunga storia di ricerche[33] i cui risultati hanno trovato ampia conferma: nel Corano non viene diagnosticata una sola

---

[32] Cfr: Colpe, Carsten: Das Siegel der Propheten: Historische Beziehungen zwischen antikem Judentum, Judenchristentum, Heidentum und frühem Islam [Il Sigillo dei Profeti: Rapporti storici tra Ebraismo antico, Cristianesimo ebraico, paganesimo e Islam antico] (Arbeiten zur neutestamentlichen Theologie und Zeitgeschichte. ANTZ Band 3, 2006). Lì (p. 29ss.) Colpe critica il termine "giudeo-cristiani" in quanto originato dalla lingua tedesca della *scienza*, che riflette solo in modo incompleto il complesso sviluppo di questo "movimento"; esso è tuttavia utile come termine collettivo, purché si tenga presente la complessità dell'universo del "Cristianesimo ebraico".

[33] Per il teologo protestante Adolf von Harnack (1851–1930) l'Islam nel suo insieme è una forma di Cristianesimo ebraico gnostico. In: Lehrbuch der Dogmengeschichte, 4a edizione, Tübingen: J. C. B. Mohr: 1909, II, p. 537.

specifica fonte giudaico-cristiana, quanto piuttosto un lento "processo di assimilazione di elementi disparati"[34] da un tipo di giudaico-cristianità che unisce forme diverse sotto questo termine. In particolare, l'Ebraismo arabo sarebbe stato permeato da una variante giudaico-cristiana anche al tempo della nascita dell'Islam, cioè nel VII secolo.[35] Questo è un fatto sorprendente perché nella ricerca al riguardo si dice spesso che la separazione tra Ebraismo e Cristianesimo fosse completa già nel IV secolo.

Indizi esterni che aiutano ad identificare queste influenze sono rappresentati da elementi rituali, simili alle frequenti abluzioni prima delle preghiere nell'Islam. È stato appurato che "queste pratiche erano comuni anche tra gli Ebioniti e gli Elkesaiti] [= ambedue correnti giudaico-cristiane];"[36] di conseguenza, non sorprende che Maometto sia stato anche sospettato, dai suoi avversari pagani, di essere "Sabaeano/Sabiano".[37]

---

[34] Roncaglia, M. P.: Élements Ébionites et Elkésaites dans le Coran [Elementi ebioniti ed elchesaiti nel Corano], in POC (Proche Orient Chrétien) 21: Jerusalem 1971, p. 101–126. In questo articolo l'autore si riferisce soprattutto alle testimonianze testuali del Panarion di Epifanio, agli scritti pseudoclementini chiaramente identificabili come giudaico-cristiani, e alla Storia Ecclesiastica di Eusebio.

[35] Cfr. Colpe 2006, p. 210.

[36] Roncaglia 1971, p. 105.

[37] I "Sabiani/Sabisani" menzionati nel Corano fanno pensare a una "setta anabattista alla maniera dei Mandei del sud dell'Iraq" (Bernhard Maier, Koran-Lexikon [Lessico sul Corano] Kröner: Stuttgart 2001, p. 145), che, come i musulmani, gli ebrei e i cristiani, "credono in Dio e nell'Ultimo Giorno" (cfr. sure 2,62 e 5,69).

Il Sigillo dei Profeti e l'invio di un angelo

Analogamente alle fonti giudaico-cristiane, il Corano menziona ripetutamente una serie di profeti biblici. Anche la designazione di Maometto come "Sigillo dei Profeti" – unica nel Corano nella sura 33,40[38] – potrebbe provenire da fonti giudaico-cristiane. Questa espressione condensa la pretesa di interpretare e chiudere i messaggi profetici precedenti, cioè di "sigillarli". Una possibile fonte di questa intenzione teologica è l'*Epistola agli Ebrei* del Nuovo Testamento, che in molti passaggi si occupa di questioni giudaico-cristiane. Questa lettera inizia così: "Molte volte e in molti modi Dio un tempo ha parlato ai padri attraverso i profeti; ma in questi ultimi giorni ci ha parlato attraverso il Figlio…". (Ebr 1:1–2). Quindi, anche se il concetto di sigillo finale sulle tradizioni precedenti può avere origini manichee[39], esso porta – come si evince dalla citazione dell'Epistola agli Ebrei – un'impronta giudaico-cristiana. In ogni caso, l'idea del sigillo sulle rivelazioni precedenti non è una novità coranica.

Va notato inoltre, che la dipendenza dalle fonti non è riconoscibile in una dipendenza testuale diretta, quanto piuttosto in una "forma mentis", in un certo modo di pensare radicato nel mondo semitico e molto probabilmente in quello giudaico-cristiano.[40]

---

[38] Sura 33,40: "Muhammad non è padre di nessuno dei vostri uomini, egli è l'Inviato di Allah e il Sigillo dei Profeti. Allah conosce ogni cosa."

[39] Cfr. Roncaglia 1971, p. 108.

[40] Questa mancanza di "prove" testuali dirette per il termine "Sigillo del Profeta" nella cristianità ebraica ha spinto Colpe, per esempio, a cercare la sua origine anche nel Manicheismo, dove effettivamente si trova come tale: è abbastanza probabile che Mani abbia coniato il termine per sé, e che Maometto se

Un'altra traccia giudaico-cristiana nel Corano è rappresentata dal motivo dell'invio della Parola di Dio da parte di un angelo[41], applicato anche al profeta giudeo-cristiano Elkesai.[42] Di indubbie origini bibliche (si veda, ad esempio, la scena dell'Annunciazione in Lc 1), questo motivo si ritrova nell'insieme del Cristianesimo ebraico. Lo stesso processo vale anche per il tema dell'attesa di un nuovo Mosè nel Corano: È probabile che tale attesa non sia entrata nel Corano attraverso il corrispondente passo del Deuteronomio[43], ma tramite una mediazione giudaico-cristiana, nei cui scritti questo motivo teologico ha avuto un ruolo di primo piano.

L'accusa di falsificazione delle Scritture

Anche la dottrina coranica della "falsificazione delle Scritture" – una polemica frequente nel Corano contro gli ebrei e i cristiani – proviene molto probabilmente da un contesto giudaico-cristiano o dalle dispute all'interno degli stessi giudeo-cristiani.[44] Come esempio, si riporta ciò che il vescovo

---

ne sia appropriato, avendolo conosciuto dai manichei del suo ambiente e sentendosi sfidato a superarlo in senso competitivo. (Cfr. Colpe 2006, p. 203 ss.). Sugli elementi manichei nel Corano, si veda la sezione 1.3 di questo libro.

[41] Sura 5,48: "E su di te [= Maometto] abbiamo fatto scendere il Libro [Kitab = Corano] con la Verità, a conferma della Scrittura che era scesa in precedenza e lo abbiamo preservato da ogni alterazione."

[42] Cfr. Ippolita di Roma, *Elenchos* IX, 13–15; citato in Roncaglia 1971, p. 111.

[43] Dt 18:15: "Un profeta come me, il Signore tuo Dio ti innalzerà tra i tuoi fratelli."

[44] Per saperne di più sulle polemiche antiebraiche del Corano si veda il capitolo 2 di questo libro.

Epifanio di Salamina (320–403) scrive a proposito degli Ebioniti: "Essi permettono il Vangelo di Matteo, l'unico che usano, e che chiamano Vangelo degli Ebrei. Questo vangelo di Matteo, che essi possiedono, non è completo, ma falsificato e mutilato".[45] È interessante che venga menzionato *un solo* vangelo, come di *un solo* Vangelo si parla nel Corano, in arabo: l'*Injil*. Anche nelle omelie pseudo-clementine giudaico-cristiane troviamo l'accusa di falsificazione delle Scritture rivolta agli avversari, come nel Corano. Di conseguenza, gli ebrei cristiani e i musulmani mostrano di essersi trovati d'accordo, di fatto, sulla "necessità di ripristinare gli scritti ebraici."[46] Inoltre anche le differenze tra le diverse grafie possono avere svolto un ruolo rilevante in queste controversie.

La ricerca sulle radici dell'accusa di falsificazione delle Scritture non è solo un dettaglio storico. Essendo stata abbracciata dal Corano, essa ha conseguenze sulla percezione che molti musulmani hanno degli ebrei e dei cristiani considerati, appunto "falsificatori delle Scritture".

Fonti identificabili

Gli elementi giudaico-cristiani del Corano indicano che "i convertiti musulmani della prima ora provenivano in parte da questi circoli settari ebioniti" e "hanno tratto i loro insegnamenti religiosi da una ricca letteratura."[47] A tale proposito, un ruolo particolare è stato svolto dalle cosiddette *Kerygmata Petrou*, ovvero gli "Annunci di Pietro" in cui si

---

[45] Epifanio, *Panarion* XXX, 3, 13. Citato in: Roncaglia 1971, p. 121.

[46] Roncaglia 1971, p. 121s.

[47] Roncaglia 1971, p. 117.

trova il motivo di un "profeta atteso", come pure la caratterizzazione "di Adamo come la prima incarnazione del vero profeta e come senza peccato."[48]

Questo scritto contiene anche elementi anti-trinitari, così come il Corano stesso. All'epoca, una distinzione netta tra gli scritti ebraici e quelli più specificamente giudaico-cristiani non si era ancora delineata, ma tracce di affermazioni anti-trinitarie si trovano in ambedue. Dal giudeo-cristianesimo proviene probabilmente anche l'uso di pregare verso una direzione, quella di Gerusalemme, un uso cui il leader giudeo-cristiano Elkesai ha vincolato i suoi seguaci[49], proprio come fece Maometto durante il primo periodo di Medina. Anche il divieto islamico di bere vino potrebbe avere un'origine giudaico-cristiana, perché Elkesai prescriveva l'uso dell'acqua al posto del vino nella liturgia.[50]

La rilevanza delle influenze giudaico-cristiane

I gruppi di giudeo-cristiani esistiti fino all'origine del Corano scomparvero, schiacciati nel conflitto tra Ebraismo e Cristianesimo e i loro resti sono stati assorbiti dall'Islam emergente. I gruppi cristiani che rivendicano questo patrimonio oggi, ruotano intorno all'universo evangelico.[51]

---

[48] Roncaglia 1971, p. 118.
[49] Cfr. Roncaglia 1971, p. 119.
[50] Cfr. Roncaglia 1971, p. 120.
[51] Per alcune osservazioni sugli ebrei messianici, si veda: Rudolf Kutschera, Das Heil kommt von den Juden (Joh 4,22). Untersuchungen zur Heilsbedeutung Israels [La salvezza viene dagli Ebrei (Gv 4,22). Studi sul significato della salvezza di Israele] Peter Lang: Frankfurt 2003, p. 323–340.

Tuttavia, sarebbe miope considerare l'influenza del pensiero giudaico-cristiano sul Corano semplicemente come un processo storico concluso, del passato. In realtà, essa ha anche una notevole portata teologica: la drammatica perdita di una base comune per l'interpretazione della storia biblica, che ebrei e cristiani condividono. La frattura che si è consumata tra loro ha creato l'ambiente favorevole alla costruzione del Corano e del suo messaggio.

Il fatto che nel Corano si siano conservate tracce giudaicocristiane impone due importanti domande teologiche: una nuova comprensione tra Cristianesimo ed Ebraismo aprirebbe anche la possibilità di "rispondere" teologicamente al Corano e all'Islam nel loro insieme?[52] e, seconda questione: la cospicua presenza di elementi giudaico-cristiani nel Corano non potrebbe costituire l'occasione, per ebrei e i cristiani, di lavorare su una comune interpretazione del messaggio biblico?[53]

1.3 Elementi manichei

Il Manicheismo nel contesto dell'Islam emergente

Le tracce manichee nel Corano non emergono da paralleli letterali tra i testi quanto da somiglianze tra il Corano e gli insegnamenti manichei. Il Manicheismo è caratterizzato da un rigoroso dualismo e da vari elementi gnostici ("salvezza attraverso la conoscenza"). Il suo fondatore, l'iraniano Mani

---

[52] Si considerino le convergenze tra Franz Rosenzweig e Joseph Ratzinger, come illustrato nel capitolo 4 di questo libro.
[53] Per ulteriori considerazioni al riguardo, si vedano le sezioni 2.4 "Domande sull'antigiudaismo coranico", e 3.5 "Una comprensione più profonda di Gesù".

(216-276 d.C.), ebbe grande influenza sia sull'Occidente dell'Impero Romano (il padre della chiesa, Aurelio Agostino, è stato un manicheo per un certo periodo) sia sull'Oriente e oltre i suoi confini, nell'area dell'Islam emergente. Lo stesso Mani "è cresciuto nella comunità giudaico-cristiana anabattista degli Elkesaiti"[54] e ha trasformato gli elementi giudaico-cristiani con cui è venuto a contatto. Interamente all'interno della tradizione dei cristiani di origine ebraica, egli affermava di volere ripristinare "il vero insegnamento".

Il Manicheismo si estinse nel corso del VI secolo a causa delle gravi persecuzioni da parte dell'impero bizantino, ma continuò nell'impero (persiano) sasanide fino alla sua islamizzazione. Resti di manicheismo sopravvissero in alcune regioni dell'Asia centrale fino al XVI secolo.[55]

Riferimenti testuali manichei nel Corano

Alcune sure suggeriscono che anche gli autori coranici fossero a conoscenza della predicazione manichea.[56] È tipica del Manicheismo l'assenza di un principio dottrinale originario da trasmettere come elemento stabilito. Di conseguenza, il Manicheismo, come osserva lo studioso islamico ungherese

---

[54] "Mani/Manichäismus" in Lexikon für Theologie und Kirche [Lessico per la teologia e la Chiesa]. Band 6 Herder: Freiburg 2009, p. 1266.

[55] Cfr. "Mani" in Lexikon für Theologie und Kirche, p. 1268s.

[56] Mentre una presenza attiva nella penisola araba è difficile da dimostrare, il Manicheismo si irradiò dalla Mesopotamia verso la regione, e fu particolarmente popolare tra i mercanti (cfr. Simon, Róbert, Mani and Muhammad [Mani e Maometto]. JSAI [Jerusalem Studies in Arabic and Islam] 21: Jerusalem 1997, p. 132).

Róbert Simon, può essere adeguatamente compreso solo esaminando il processo del suo divenire, vincolato al pensiero di Mani, caratterizzato da nuove idee che in seguito egli stesso cambiava. Questa tendenza ad adottare nuove intuizioni e a perfezionarle rende Mani e Maometto in qualche modo accostabili nella storia della religione e, sotto questo aspetto, spiritualmente affini.[57]

Simon sottolinea quindi soprattutto la somiglianza strutturale di queste due religioni: "comparabili tra loro nella misura in cui pretendono di abbracciare tutte le religioni precedenti e di essere il loro culmine."[58] Quindi non sono tanto le somiglianze testuali ad essere importanti, quanto la straordinaria "capacità di combinare" espressa da queste due religioni. Di conseguenza, nello sviluppo della fede di Maometto si può osservare il passaggio da una fase più ascetica, di negazione del mondo, che caratterizza il primo periodo della Mecca, a un atteggiamento più assertivo a Medina, quando dovette occuparsi degli aspetti pratici di una comunità e sviluppò un severo rifiuto della negazione del mondo.[59]

Convergenza e divergenza di contenuti

Oltre a questa somiglianza strutturale, si possono osservare anche convergenze sostanziali tra il manicheismo e l'Islam.[60]

---

[57] Cfr. Simon 1997, p. 125.
[58] ibid.
[59] Cfr. sura 6,76–79.
[60] Il fatto che Róbert Simon discuta queste questioni con grande cautela rende i suoi risultati ancora più credibili. Egli elenca con precisione anche le differenze tra manicheismo e Islam, come il dualismo (manicheo) contro il monoteismo rigoroso (Islamico), l'idea Islamica della creazione del mondo da parte di Dio/Allah, che il Manicheismo non riconosce perché il mondo

La più sorprendente è l'idea, in entrambe le religioni, che all'inizio vi fosse "una sola religione autentica e universale, che a causa di vari problemi è stata falsificata o si è frammentata in molteplici sette."[61] Di conseguenza, sia il manicheismo che l'Islam vedono sé stesse come religioni universali con la missione di diffondersi. Di Mani ci è pervenuta una citazione che potrebbe provenire anche da Maometto: "Le religioni originarie facevano capo ad un paese e ad una lingua. Ma la mia religione è tale che si manifesterà in ogni paese e in ogni lingua, e sarà insegnata in paesi lontani."[62] Analogamente a questa affermazione manichea, la sura 30,30 definisce la religione islamica come "fonte di religiosità" per tutti gli uomini: "Rivolgi il tuo volto alla religione come puro monoteista, natura originaria che Allah *ha connaturato* agli uomini; non c'è cambiamento nella creazione di Allah. Ecco la vera religione..."

Un altro parallelo riguarda la dottrina manichea sulla serie di profeti, al cui culmine è posto Mani stesso, che si considerava il "Sigillo dei Profeti",[63] come per l'Islam avvenne con Maometto. Anche la dottrina della falsificazione della religione originaria e l'impulso a ripristinare questa religione si trovano sia nel manicheismo che nell'Islam. In breve, il Manicheismo ha fornito all'Islam categorie essenziali di pensiero grazie alle quali questo ha potuto sviluppare i propri insegnamenti.

Non va però ignorata un'essenziale differenza: il concetto islamico della *jihad* come mezzo con cui diffondere

---

in quanto tale viene considerato malvagio e quindi da respingere. Cfr. Simon 1997, p. 127s.
[61] Simon 1997, p. 133.
[62] Simon 1997, p. 134.
[63] Cfr. Simon 1997, p. 136.

i propri insegnamenti non trova paralleli nel manicheismo. Appropriarsi delle idee religiose straniere e trasformarle in una potente ideologia politico-militare-religiosa costituisce, quindi, una novità dell'Islam.

1.4 Altre influenze sul Corano e sull'Islam emergente
L'unità di politica e religione nell'Impero Bizantino

In vista della minaccia della disgregazione dell'Impero Romano, l'imperatore Costantino (272-337) aveva già intuito, nella chiesa cristiana, una forza unificatrice, facendone uno strumento politico.[64] Fu lui a convocare e a guidare il primo Concilio, quello di Nicea (325). Dal punto di vista personale, Costantino non era mosso da particolari motivi teologici ma, oltre che dalle considerazioni di pragmatica politica ("Come si può mantenere l'unità imperiale?"), dal fascino del pensiero neoplatonico sull'unità. L'evidenza dell'influenza neoplatonica emerge, per fare un esempio, da un discorso rivolto ai vescovi cristiani, nel quale egli sottolinea come tutto sia soggetto unicamente a Dio e al suo governo, che è al di sopra dell'essere.

Cominciò a prendere forma l'idea dell'unità di Stato e Chiesa cristiana, che più tardi troverà la sua piena espressione nell'Impero Bizantino, incarnato dall'imperatore romano d'Oriente Giustiniano I (482-565). Questi era considerato l'architetto della chiesa di stato di Bisanzio,

---

[64] La sezione 1.4 di questo libro deve molto alle osservazioni di Arnold Stötzel nel suo contributo Verstehen der jüdisch-christlichen Offenbarung angesichts des Islam [Capire la rivelazione ebraico-cristiana di fronte all'Islam] in Heute in Kirche und Welt 1/2002 e 2/2002. Bad Tölz: 2002, p. 4-5.

perché l'imperatore poteva considerarsi il rappresentante di Dio sulla terra. Tuttavia, questa idea di unità di Stato e Chiesa sfociò in un'azione spietata contro tutto ciò che vi si opponeva. La costruzione della Hagia Sophia a Costantinopoli, iniziata da Giustiniano, fu preceduta dalla soppressione della cosiddetta rivolta di Nika nel 532, in cui circa 30.000 persone furono massacrate per ordine dell'imperatore. Religiosità incandescente e freddo terrore vivevano, per così dire, porta a porta.

Certo, l'unità tra Stato e religione aveva caratterizzato ogni antica forma di governo, ma la novità di quella bizantina consisteva nell'uso della fede cristiana, la quale non si prestava affatto ad essere concepita come "religione di Stato", se si guarda alla vita e al messaggio di Gesù.

Nell'anno 570, cinque anni dopo la morte di Giustiniano, nacque Maometto, che probabilmente è entrato in contatto con l'impero bizantino e la sua idea di stato e religione durante i suoi frequenti viaggi commerciali.

Divisioni teologiche all'interno del Cristianesimo

L'Islam è nato proprio nel momento in cui si sono verificate drammatiche dispute e chiarificazioni all'interno della Cristianità. Ne furono protagoniste soprattutto le correnti monofisite e nestoriane, condannate dai concili di Efeso (431) e di Calcedonia (451). In questi concili, come nei precedenti di Nicea (325) e Costantinopoli (381), vennero trattate questioni fondamentali per la fede cristiana: come comprendere e vivere la confessione ebraica nell'unico Dio e allo stesso tempo la novità del Nuovo Testamento – cioè la persona di Gesù Cristo, la Chiesa da lui fondata e la redenzione e santificazione della vita che ne derivano?

Le chiarificazioni via via sopravvenute hanno portato alla luce differenziazioni e causato separazioni con enormi conseguenze politiche: chi dissentiva dalla fede dell'imperatore non era solo un eretico o scismatico, ma anche un nemico dell'impero. Questa unità imposta dall'alto provocava sempre nuove tensioni nell'impero e moltiplicava le lotte per l'indipendenza. I cristiani recalcitranti si videro costretti ad emigrare fuori dall'Impero Romano per cercare protezione presso i persiani o per svolgere attività missionarie nella penisola arabica. Siria, Palestina ed Egitto, che cercavano di sottrarsi all'influenza di Bisanzio, hanno trovato nell'Islam l'atteso liberatore. A questo scenario, si aggiungono una chiesa armena che si era già formata dall'inizio del IV secolo, una chiesa giacobita in Siria e una chiesa nestoriana in Persia.

Queste lacerazioni all'interno della Chiesa costituiscono lo sfondo della critica coranica al Cristianesimo diviso, nella sura 5,14: "Con coloro che dicono: «Siamo cristiani», stipulammo un Patto. Ma dimenticarono una parte di quello che era stato loro ricordato. Suscitammo tra loro odio e inimicizia fino al Giorno della Resurrezione." Con questo il Corano intende che la discordia dominante tra i cristiani è il frutto della loro infedeltà al messaggio di Gesù, una situazione da cui mette in guardia anche la sura 3,105: "E non siate come coloro che si sono divisi, opposti gli uni agli altri, dopo che ricevettero le prove."

L'idea che la lotta per la verità potrebbe durare secoli, non trova posto in questo contesto. La perdita dell'unità della fede – di fatto una tragedia all'interno del Cristianesimo fino ad oggi – da questo punto di vista è una conferma della pretesa musulmana.

Tra le diverse dottrine scismatiche sviluppatesi intorno alla domanda sulla natura di Gesù Cristo nei primi secoli cristiani, vi è il Nestorianesimo. Il Patriarca di Costantinopoli Nestorio (386-451) era convinto – come affermato dai concili di Efeso e Calcedonia – che Gesù avesse effettivamente due nature, umana e divina, ma con una differenza: le due nature non sono unite in una sola persona e in una "sostanza". Gesù è "la persona accolta dal Logos, nel quale abita come in un tempio."[65]

Che rapporto ha questa dottrina con il pensiero coranico?

Analogie teologiche tra Islam e Nestorianesimo

Anche se una diretta dipendenza del Corano dalle fonti nestoriane è difficilmente dimostrabile, ci sono diverse sorprendenti analogie, a cominciare dal fatto che, come i nestoriani, anche l'Islam emergente ha rifiutato le definizioni dei concili di Efeso e Calcedonia.

Nell'anno 612, cioè più o meno nello stesso periodo dell'"esperienza vocazionale" di Maometto (che avvenne nel 610), il re persiano Cosroe incontrò i vescovi e i monaci cristiani nestoriani del suo Paese per intavolare una discussione religiosa. I Persiani, infatti, nemici di Bisanzio, appoggiavano i nestoriani. Tra i quesiti posti nel corso dell'incontro ("I Nestoriani si sono allontanati dai fondamenti della

---

[65] Questa è la formula usata da Nestorio già come membro della "scuola antiochena", di cui faceva parte prima di diventare Patriarca di Costantinopoli (428-431), cfr. Lexikon für Theologie und Kirche. Band 7 Herder: Freiburg: 2009, voce "Nestorius/Nestorianismus," p. 747. Le chiese nestoriane ancora oggi esistenti confessano la cristologia di Nestorio nella formula: "due nature, due ipostasi, una persona in Cristo". (in: Lexikon für Theologie und Kirche, ibid.).

fede?"; "Maria ha partorito Cristo o Dio?") la risposta nestoriana inizia con un'enfatica confessione dell'unicità di Dio:

"Crediamo in un Essere Divino. È eterno, senza inizio. Vivo, tutto animato. Potente, origine di tutti i poteri. Puro spirito. Infinito, incomprensibile. Non confuso e non distinto. Incorporeo. Invisibile e immutabile. Impassibile e immortale. ... non può esservi sofferenza né cambiamento."[66]

Anche se un testo di questo genere potrebbe essere stato scritto anche da autori bizantini, cioè nell'alveo dell'ortodossia, colpisce il fatto che l'enfasi sul monoteismo sia accompagnata da una certa rigidità. In ogni caso, era inconcepibile per i nestoriani che il "Logos di Dio" potesse anche diventare uomo, e che in Dio vi potesse essere un divenire storico. Quando i vescovi nestoriani difesero il monoteismo, usarono la parola siriana "Allah" per "Dio", e uno dei teologi nestoriani, vissuto tra il VI e il VII secolo – quindi contemporaneo di Maometto –, elaborò la seguente sintesi della teologia nestoriana: "Il Messia, il figlio di Marjam, non è Dio/Allah. Se Maria è la madre di un solo uomo, non lo è, non può essere la madre di Dio."[67]

Analogamente a questa visione nestoriana, la sura 5,17 dichiara: "Sono certamente miscredenti quelli che dicono: «Allah è il Messia figlio di Maria». Dì [= un richiamo di Allah al Profeta]: «Chi potrebbe opporsi ad Allah, se Egli volesse far perire il Messia figlio di Maria, insieme con sua

---

[66] Citato da: A Nestorian Collection of Christological Texts [Una raccolta nestoriana di testi cristologici], Volume I, Syriac Text; Volume II, Introduction, Translation and Indexes, a cura di Abramowski, Luise et al. [ed.] Cambridge University Press, 1972, I, p. 150s., II, p. 88s.

[67] A Nestorian Collection, Vol. II, XXXIV.

madre e a tutti quelli che sono sulla terra? Ad Allah appartiene la sovranità sui cieli, sulla terra e su tutto quello che vi è frammezzo!». Egli crea quello che vuole, Allah è onnipotente."

L'Allah presentato in questo modo non può, in nessun caso, avere veri partner negli esseri umani, e di conseguenza non può tollerare alcun "figlio dell'uomo" accanto a lui. Ripetutamente, quindi, il Corano rifiuta nettamente la concezione cristiana di Dio, come per esempio nella sura 5,72: "Quanto a chi attribuisce consimili ad Allah, Allah gli preclude il Paradiso, il suo rifugio sarà il fuoco. Gli ingiusti non avranno chi li soccorra!"

Né l'Islam né il Nestorianesimo, in contrasto con lo sviluppo dell'Occidente cristiano, sono arrivati a formulare il concetto di persona. Sorprendentemente, è stato proprio sulla base di secoli di riflessione teologica ecclesiale sulla natura di Gesù che vi si è arrivati, insieme all'idea della dignità associata all'essere persona. Una pregevole sintesi di questo concetto si trova nell'antica preghiera liturgica quotidiana del Natale: "Dio, hai creato meravigliosamente la dignità dell'essere umano e l'hai restaurata ancora più meravigliosamente. Ti chiediamo di concederci di essere uniti alla divinità di colui che si è reso degno di essere partecipe della nostra umanità."

Influenze dal pensiero giuridico dell'Antichità

Analogamente a quanto avviene per il Nestorianesimo, non vi è evidenza diretta di influenze sull'Islam provenienti dal pensiero giuridico antico. Tuttavia alcune convergenze sono rintracciabili nella rivendicazione dell'universalità e nelle norme sulla guerra e la pace.[68]

---

[68] Le osservazioni che seguono si basano essenzialmente sulle lunghe ricerche di Majid Khadduri (1909-2007) sul diritto

Nel pensiero romano antico la rivendicazione universale del potere trova esempio in una dichiarazione del politico e filosofo Marco Tullio Cicerone (106-43 a.C.): "C'è davvero una vera legge, cioè la giusta ragione, che in armonia con la natura, è applicabile a tutti gli uomini, immutabile ed eterna... Non stabilisce una regola a Roma e un'altra ad Atene, né ci sarà una regola oggi e un'altra domani. No! Ci sarà una legge eterna e immutabile, applicabile a tutti i tempi e a tutti i popoli."[69]

Allo stesso modo, nell'Islam il mondo intero è dominio di Allah, come mostra la sura 2,107 sotto forma di domanda retorica: "Non sapete che Allah ha il dominio sui cieli e sulla terra? Eccetto Lui non hai né un amico né un aiutante." Essere al servizio di Allah non può quindi significare nient'altro per il singolo musulmano e per uno stato islamico che riconoscere questo dominio mondiale di Allah e diffonderlo. Dopo la sconfitta nella battaglia di Tours (732), tuttavia, i primi studiosi di diritto islamico compresero che il mondo è diviso in due aree: *dār al-Islām* (dimora/casa dell'Islam) da un lato, e *dār al-ḥarb* (dimora/ casa della guerra) dall'altro. La "casa dell'Islam" è il territorio posto sotto il dominio musulmano, in cui i membri delle religioni tollerate (i *dhimmī*) pagano la tassa sulla testa (*jizya*).[70] La "casa della guerra" comprende

---

Islamico, in particolare sul tema della guerra e della pace: War and Peace in the Law of Islam [La guerra e la pace nella legge dell'Islam]. Clark/New Jersey: The Lawbook Exchange, 2006 – ristampa del 1955.

[69] Khadduri, War and Peace, Introduzione, p. X.
[70] Cfr. sura 9,29: "Combattete coloro che non credono in Allah e nell'ultimo Giorno, che non vietano quello che Allah e il Suo Messaggero hanno vietato, e quelli, tra la gente della Scrittura, che non scelgono la religione della verità, finché non versino umilmente il tributo, e siano soggiogati." Per un

tutte le aree al di fuori del territorio dominato dall'Islam. Da questo punto di vista la "casa dell'Islam" è incompatibile con la "casa della Guerra", perché la sua stessa esistenza è di ostacolo al riconoscimento universale del dominio di Allah.

Ne deriva logicamente la *necessità* di lottare. Sul piano politico, la *"jihad"* religiosa contro la "casa della guerra" è di conseguenza lo strumento naturale attraverso cui gli stati islamici intendono trasformare il mondo intero in "casa della pace". Poiché, però, per motivi puramente pratici, ciò non è sempre possibile, si conoscono anche periodi di non-guerra.[71]

Jihad, che in origine significa "sforzo" nel significato più ampio, è naturalmente un termine vago, perciò i giuristi islamici lo precisano applicandolo a quattro ambiti: "Con il cuore, con la lingua, con le mani e con la spada. Il primo si riferisce al combattimento con il diavolo e al tentativo di sfuggire alla sua persuasione a fare il male. Questo tipo di jihad, così importante per il profeta Maometto, era considerato il jihad più grande. La seconda e la terza area [con la lingua e con le mani] vengono realizzate sostenendo ciò che è giusto e correggendo ciò che è sbagliato. La quarta area corrisponde esattamente al significato di guerra: si tratta di combattere i miscredenti e i nemici della fede. I credenti sono obbligati a sacrificare i loro beni e le loro vite per la guerra."[72]

---

approfondimento delle circostanze storiche di questa disposizione, si veda la sezione 2.3 "Le fasi del rapporto con gli ebrei".

[71] Questi intervalli, tuttavia, in cui vengono applicati metodi legalmente regolamentati, soprattutto negoziati e trattati di pace, non devono superare i 10 anni. Se dopo 10 anni si scopre che la ripresa della guerra regolare non è possibile, allora viene dichiarato un altro periodo di cessate il fuoco di 10 anni.

[72] Khadduri 2006, p. 56s.

L'impegno *collettivo* per la *jihad* di guerra non significa che questa debba necessariamente essere condotta da tutti i credenti. Ciò non è né possibile né auspicabile per motivi puramente pratici. Allo stesso tempo, però, conseguenza di questo obbligo *collettivo è* che sta alla responsabilità delle autorità religiose dello stato stabilire se e quando debba essere dichiarata. In linea di massima, si applica il seguente principio: "L'esistenza di una *Dar al-harb* ["zona di guerra"] è in definitiva esclusa dal sistema giuridico islamico, la *Dar al-Islam* [la parte del mondo governata dai musulmani] è costantemente sotto l'obbligo della jihad di guerra fino a quando la *Dar al-harb* si dissolve nella non esistenza [...]. L'universalismo dell'Islam nella sua fede onnicomprensiva si regge sui credenti in costante processo di guerra, sia psicologica che politica, se non esplicitamente militare. Questo stato di guerra può essere sospeso, ma può anche essere proclamato di nuovo in qualsiasi momento."[73] Attingendo a numerose fonti, Khaddouri conclude quindi che i giuristi musulmani, come i loro antenati romani, hanno seguito il principio: "Si vis pacem, para bellum." (Se vuoi la pace, preparati alla guerra).

Se ci si chiede da dove venga il concetto di "guerra santa" in questo contesto, si troverà un sorprendente parallelo con un precedente giuridico romano, perché "sia nell'Islam che nell'antica Roma, la guerra non dovrebbe essere solo giusta (*justum*) ma anche santa (*pium*), cioè in accordo con il destino della religione e in risposta alla presunta istruzione degli dèi."[74] La rivendicazione universale e l'idea della "guerra santa" (*bellum pium*) erano quindi già presenti nel

---

[73] Khadduri 2006, p. 64.
[74] Khadduri 2006, p. 57.

mondo antico. Era ovvio che questa visione venisse adottata anche dal Corano – soprattutto in quanto proveniente da un testo della tarda antichità – e quindi dall'Islam emergente.

Resta da chiedersi, infine, come il Corano abbia utilizzato queste fonti e quale sia lo specifico apporto musulmano.

1.5 La specificità islamica

Giudizi tradizionali dei teologi cristiani sul Corano

Nel corso della storia della teologia cristiana, il giudizio sul Corano è stato per secoli plasmato dal confronto con la Bibbia e la dogmatica cristiana. Giovanni Damasceno (ca. 650–750, quindi contemporaneo alla nascita del Corano) descrive l'Islam "come l'ultima delle antiche eresie della Chiesa."[75] Per Tommaso d'Aquino, nella Summa contra Gentili, Maometto "distorce tutte le prove dell'Antico e del Nuovo Testamento attraverso una narrazione leggendaria, come risulta chiaro a chi legge la sua legge."[76] Niccolò Cusano (1401–1464), nel suo scritto *Cribratio Alkorani* ("Avvistamento del Corano") sette anni dopo la caduta di Costantinopoli tentò di "esaminare il Corano 'vagliandolo' e 'setacciandolo' nel suo contenuto biblico per bollare l'Islam come eresia cristiana."[77] Nel corso della cosiddetta "controversia coranica di Basilea" del 1543, riguardante la prima stampa del Corano in latino, il suo editore, il protestante Theodor Bibliander (1505–1564), ritenne che "fondamentalmente non si insegna

---

[75] Maier, Bernhard: Koran-Lexikon. Kröner: Stuttgart 2001, p. 95.

[76] Tommaso d'Aquino, Summa contra Gentiles, Libro I, Capitolo 6.

[77] Maier, Koran-Lexikon, p. 126.

nulla di nuovo nel Corano: tutto era già stato rappresentato tra gli eretici cristiani."[78]

Questi giudizi vedono il Corano come un testo contenente errori che ha avuto origine in ambiente cristiano, come un semplice *plagio*. Nel mondo antico, usare testi già esistenti con la pretesa di esserne autori era una consuetudine non biasimata, laddove oggi questo tipo di operazione è considerato quantomeno un furto di proprietà intellettuale.[79]

Va anche detto che una mera riproduzione di fonti già esistenti non avrebbe reso l'Islam quello che è oggi. Ecco perché a questo punto occorre individuare lo specifico apporto islamico nel Corano.

Fusione tra poesia e sentimento di superiorità

Il lettore occidentale di solito non è consapevole dell'eccezionale significato culturale del Corano, che occupa una posizione unica all'interno della lingua e della cultura araba: è l'apice della sua letteratura e della sua poesia, e ancora oggi punto di riferimento per la lingua araba. Il suono e la poetica delle sure spesso mandano in una sorta di estasi il lettore o l'ascoltatore di lingua araba, che è profondamente consapevole della

---

[78] Martin Wallraff, Vorwort [Prefazione], p. X, in Neuwirth, Angelika Koranforschung – eine politische Philologie? [Ricerca coranica – una filologia politica?]. De Gruyter: Berlin 2014.

[79] Negli studi islamici attuali questo termine è controverso, anche perché è associato all'accusa di mancato apporto islamico rispetto alle fonti trovate. La sezione 1.5 esamina questo apporto, mentre la sezione 4.2 tratta la visione dell'Islam di Franz Rosenzweig, il quale vede nell'Islam un "plagio su scala storica mondiale la cui peculiarità consiste nell'essere un 'paganesimo naturale sotto forma di rivelazione.'"

presenza di Allah in questi momenti. La recitazione delle sure coraniche si combina spesso con una sorta di ebbrezza di superiorità, perché il loro contenuto suggerisce sempre che, a differenza delle tradizioni precedenti, si è in completo possesso della verità divina ("Sigillo dei Profeti"). L'esperienza estetico-culturale-religiosa si fonde così con il contenuto, e proprio in questa fusione risiede la peculiarità del Corano.

La teologia specificamente musulmana

Oltre agli aspetti culturali e psicologici va tenuto conto anche di quelli teologici, la cui novità consiste soprattutto nella semplificazione e schematizzazione delle tradizioni e delle influenze teologiche precedenti, come mostra la sura 112 che, sotto il titolo "Pura Fede", riassume l'immagine coranica di Dio:

"1. Di': «Egli, Allah è Unico,
2. Allah è l'Assoluto.
3. Non ha generato, non è stato generato
4. e nessuno è uguale a Lui»."

L'analisi del testo nell'originale arabo[80] mostra che il v. 1 è una libera traduzione dello *Sh'ma Yisrael,* la professione di fede ebraica.[81] Lo stretto riferimento al testo biblico è evidente per l'uso della parola araba *aḥad* ("uno", in ebraico *eḥad*), che è "una violazione della grammatica araba."[82] Il

---

[80] Cfr. Neuwirth 2010, p. 762-768.
[81] L'incipit del testo biblico di Deuteronomio 6:4-5, citato nel primo versetto della sura, recita: "Ascolta Israele! Il Signore nostro Dio, il Signore è uno. Amerai il Signore tuo Dio con tutto il tuo cuore, con tutta la tua anima, con tutte le tue forze."
[82] Neuwirth 2010, p. 763.

discorso originale, indirizzato ad Israele, è qui ripreso e, *allo stesso tempo,* modificato. Così, il fondamentale credo biblico ebraico, molto probabilmente già familiare, nella sura 112,1 diventa un testo universale, perché "per rendere il credo ebraico universalmente valido e quindi accettabile anche per un pubblico non ebraico, esso viene riformulato, ma senza perdere la sua forma accattivante in cui ha già autorità."[83]

Allo stesso tempo, però, questa sura si riferisce anche al Credo niceno. Lì Cristo è definito come "generato, non creato." Il v. 3 rifiuta questa affermazione e usa una doppia espressione che è altrettanto incisiva, perché ricalca quella del Credo niceno. Questa formulazione capovolge deliberatamente il testo originale e lo riassume nel v. 4: "E nessuno è uguale a lui." Nel testo originale arabo la parola *kufuwun*, unica nel Corano, è usata per "uguale" – e quindi in deliberato contrasto con il greco *homo-ousios* (Cristo è della stessa natura del Padre) del testo Niceno. La ragione di questa formulazione è lo sforzo della prima comunità musulmana di Medina di raggiungere il pubblico ebraico. La riformulazione della confessione ebraica contro le interpretazioni cristologiche dell'unità di Dio doveva aiutare a guadagnare il popolo ebraico alla nuova fede musulmana.

La novità del Corano, quindi, sta nel fatto che i contenuti ebraici e cristiani della fede sono superati e combinati in un nuovo testo religioso-poetico che viene rivolto in un modo mirato a un pubblico che considera superati i "precedenti" Ebraismo e Cristianesimo. In altre parole: le fonti esistenti vengono riprese, secondo il sincretismo post-biblico coniato in quel periodo nel mondo arabo, dissolte in frammenti, combinate fra loro e utilizzate come base di un sistema universale

---

[83] Neuwirth 2010, p. 763.

politico-religioso. La tendenza verso l'universalità era già presente nell'antichità romana. Di conseguenza, il Corano si delinea come il punto di partenza di un progetto iniziato con la conquista della Mecca con Maometto ancora in vita, e lanciato verso l'espansione mondiale dell'Islam dopo la sua morte: "La fondazione di uno stato religioso in un'Arabia senza stato, l'unificazione degli arabi in un progetto di conquista mondiale – questa è la vera novità dell'Islam."[84] In cima a tutto questo vi è la figura di Allah, tratteggiata come una sorta di "alter ego" [= l'altro sé] di Maometto.

Questo senso di superiorità e questa logica universalistica costituiscono il fondamento dell'Islam fino ad oggi: il mondo intero e la vita di ogni individuo devono essere conformi all'ordine dato da Dio (*ad-dīn*).[85] Quest'ordine, basato sul Corano, riguarda tutto e tutti, dal comportamento individuale e dalla fede di ogni singolo musulmano, a un auspicato nuovo ordine mondiale. La seguente mappa anglofona mostra come la dinamica derivante da questa visione sia caratteristica dei primi tempi dell'Islam[86]:

---

[84] Amman, Ludwig: Der altarabische weltanschauliche und religiöse Kontext des Korans [Il contesto ideologico e religioso del Corano nel periodo arabo antico]. In Hartwig 2008, p. 231.

[85] Lo studioso dell'Islam Tilman Nagel evidenzia come gli effetti di questo dinamismo si riversano anche su individui non musulmani: "Ogni essere umano che è formato da Allah nel grembo materno ha un legame creaturale con Allah, il *fitra*, che nessuno può cambiare (sura 30,30). Anche se i genitori, fuorviati da un'altra religione [per esempio il Cristianesimo] vi fanno aderire i loro figli [che diventano cristiani], questo nucleo non viene intaccato." (Nagel 2018, p. 33).

[86] Fonte: https://www.olivetree.com/blog/learned-love-church-history/spread-IslamIslam/ (ultimo accesso il 25/04/2020); ristampato con gentile concessione dell'editore.

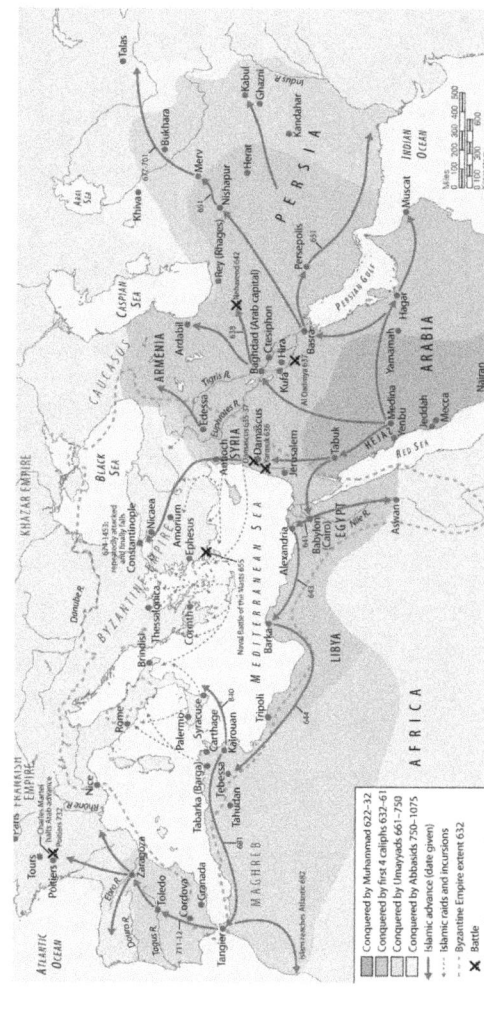

Come il Corano utilizza in dettaglio i modelli biblici trasformandoli in un nuovo modello è dimostrabile sulla base della questione riguardo l'antigiudaismo nel Corano.

2. Antigiudaismo nel Corano?

2.1 La rilevanza della questione
Due esempi attuali

La questione dell'antigiudaismo nel Corano non è importante solo in riferimento al passato, ma ha rilevanti contraccolpi nell'attualità.

Nelle memorie della sua infanzia, trascorsa nella comunità arabo-musulmana del Canada, pubblicate nel 2019, la pubblicista Yasmine Mohammed descrive "l'odio pervasivo verso il popolo ebraico" che "si impara dall'infanzia. Nelle comunità musulmane, la parola 'ebreo' non è usata solo come parolaccia, ma come una vera e propria maledizione. È un odio così pervasivo da non poterlo riconoscere: è semplicemente onnipresente. Come musulmana, non ho mai smesso di pensare al perché dovremmo odiare così tanto il popolo ebraico... È come chiedere a un bambino perché non gli piacciono i mostri. È semplicemente un comportamento innato che non viene quasi mai messo in discussione, e l'odio verso Israele è il suo prolungamento."[87]

Uno dei tanti tentativi di acquisire i cristiani alla causa dell'antigiudaismo ha avuto luogo durante la visita di Papa Benedetto XVI a Gerusalemme l'11 maggio 2009. Il supremo giudice islamico dell'Autorità Palestinese, lo sceicco Taysir Rajab, chiamò all'epoca, alla presenza del Papa, i

---

[87] Dall'edizione online del Jerusalem Post del 18/08/2018: https://www.jpost.com/Middle-East/Ex-Muslim-to-Post-Trying-to-teach-naive-West-about-true-nature-of-Islam-598946 (ultimo accesso il 20/08/2019).

cristiani a unirsi ai musulmani contro quelli che, a suo dire, erano gli "assassini" israeliani, includendovi, chiaramente, tutti gli ebrei.[88]

Si tratta di episodi isolati trascurabili al confronto dei numerosi momenti di pacifica convivenza vissuti nel passato e nel presente? In casi come questo, occorre osare lanciare lo sguardo *al di là della sottomissione*.

La questione decisiva è: in che modo l'antigiudaismo musulmano[89] riguarda il testo fondante dell'Islam, il Corano? Il solo richiamo al conflitto nel Medio Oriente, spesso automatico, è ovviamente insufficiente.

Una sura esemplare

Il versetto 32 della sura 5 del Corano, spesso citato come prova dell'amore dell'Islam per la pace[90], è un esempio del problema. Si legge così: "...chiunque uccida un uomo ..., sarà come se avesse ucciso l'umanità intera. E chi ne abbia salvato uno, sarà come se avesse salvato tutta l'umanità." Il Corano mette questa citazione quasi letterale del Talmud[91] sulle labbra di Allah il quale, però, usando il pronome "Noi", la introduce nel modo seguente: "Per questo abbiamo

---

[88] Per un approfondimento di questo discorso, di cui l'autore stesso è stato personalmente testimone, si consulti il sito: https://www.catholic.org/lent/story.php?id=33531 (ultimo accesso il 20/08/2019).

[89] Si tratta quindi della questione dell'*antigiudaismo*. Antisemitismo sarebbe un termine inappropriato, poiché secondo la genealogia biblica il figlio di Noè, Sem, è il capostipite anche degli arabi.

[90] Come, per esempio, nelle dichiarazioni delle associazioni islamiche dopo gli attentati di Parigi del 2015.

[91] Cfr. Trattato Sanhedrin 37a.

prescritto ai Figli di Israele che ..." Ne consegue che questa citazione, che di fatto riflette un alto livello etico, non è né un invito ai musulmani a rinunciare alla violenza, né un atto di omaggio ad Israele. Al contrario: il versetto coranico 5,32 si trova nel contesto di una delle numerose ammonizioni ai "figli di Israele", cioè agli ebrei. Ecco perché subito dopo, nella sura 5,33, segue un triste annuncio: "La ricompensa di coloro che fanno la guerra ad Allah e al Suo Messaggero e che seminano la corruzione sulla terra è che siano uccisi o crocifissi, che siano loro tagliate la mano e la gamba da lati opposti ..."

Come nascono queste affermazioni?

La trasformazione dei contenuti biblici nel Corano

Al tempo della nascita del Corano[92], cioè nel VII/VIII secolo, la penisola araba era popolata dalle più diverse culture e religioni: Maometto stesso e la comunità da lui riunita ne erano a conoscenza e sapevano anche delle numerose distorsioni esistenti all'interno di questo crogiolo religioso-culturale, come abbiamo visto nel capitolo precedente.

Il Corano è quindi un agglomerato di testi molto diversi fra di loro, di tradizioni orali e di responsi di discussioni, che comprendono anche molte storie e motivi biblici. Poiché, però, gli autori del Corano non avevano normalmente a disposizione i testi biblici in forma scritta, custodivano ciò che avevano sentito per lo più oralmente, spesso influenzati dalle varie interpretazioni ebraiche o cristiane. Questo contenuto biblico preesistente e le sue interpretazioni sono stati trasformati da Maometto e dagli autori del Corano con una precisa intenzione: al "profeta" e alla nascente comunità musulmana

---

[92] Si veda la sezione 1.1 "Il Corano nel contesto storico".

doveva riconosciuta l'autorità biblica. Di conseguenza, a tutte le figure bibliche che appaiono nel Corano sono stati dati i tratti di Maometto stesso e, allo stesso tempo, tali figure riflettono il clima di discussione della prima comunità musulmana.

Le figure bibliche nel Corano sono state spesso estrapolate dal contesto teologico ebraico e cristiano, ed è sempre necessario verificare attentamente se ciò che Maometto e gli autori del Corano *percepivano* come tipicamente ebraico o cristiano *è* in realtà ebraico o cristiano! Le figure bibliche compaiono spesso nel Corano all'interno di discorsi polemici, che, di conseguenza, riflettono un'immagine sbilanciata di quanto percepito e affermato.

Ciò può essere dimostrato in modo esemplare dalla sura 9,30 e versetti seguenti, dove gli ebrei sono accusati di considerare *Uzair*, cioè l'*Esdra* biblico, il Figlio di Dio. Quest'accusa contiene gravi malintesi. Maometto rifiutava a priori ogni idea di "Figlio di Dio", perché la parola "figlio" fa pensare a un essere realmente generato da "Dio" con una donna, ma non è questo ciò che i cristiani intendono quando si riferiscono a Gesù come "Figlio di Dio", così come non si può certo dire che sia un'idea ebraica. Ora, l'accusa basata sui malintesi finisce con l'attribuire anche agli ebrei un errore simile a quello di cui il Corano accusa i cristiani. Il fondamento storico di quest'accusa va cercato forse in una setta giudaica o giudaico-cristiana che venerava Esdra in modo particolare, e in cui Maometto ha avuto modo di imbattersi. Più probabile, secondo lo studioso del Corano Heribert Busse, è che "nella foga del momento Maometto aveva voluto accusare gli ebrei di una dottrina erronea pari alla gravità di quella cristiana sulla natura divina di Gesù; e fece ciò collegandosi alla grande stima di cui Esdra godeva nel giudaismo."[93]

La questione dell'antigiudaismo si colloca però nel più ampio quadro dell'attitudine coranica nei confronti dei seguaci di altre religioni, come stiamo per vedere.

Dichiarazioni del Corano sulla pluralità delle religioni

Le religioni e i loro seguaci sono oggetto di valutazioni diverse nel Corano. Le sure 2 e 5, per esempio, certificano agli ebrei e ai cristiani "che il loro credo è identico all'Islam e che essi, come i musulmani, hanno diritto alla salvezza. Il discorso è diverso nella lista contenuta nella sura 22, il cui tenore è del tutto negativo; sulle differenze che esistono tra loro, 'Dio deciderà nel giorno della risurrezione'."[94] Il giudizio coranico sulle altre religioni si basa principalmente sull'atteggiamento dei loro seguaci nei confronti di Maometto e della sua comunità, e quindi della chiamata ad unirsi alla nuova comunità islamica.

Adamo rappresenta la condizione ideale dell'umanità, che deve essere ripristinata. Questa figura, presa dalla Bibbia, diventa nel Corano protagonista di una presunta religione originaria e uniforme. Egli non rappresenta, come nella Bibbia, l'essere umano preso dalla terra, dalla *adamah*. L'Adamo del Corano non è quindi l'uomo in sé con tutte le sue possibilità e i suoi limiti, ma diventa il fondatore di *una* comunità (*umma* – anche questa una parola presa in prestito

---

[93] Busse, Die theologischen Beziehungen, Darmstadt 1991, p. 61.
[94] Busse, (in 1991, p. 31) si riferisce qui alla sura 22,17, in cui "coloro che hanno creduto" sono messi in contrasto con gli ebrei, i sabiani, i cristiani, gli zoroastriani e i politeisti.

dall'ebraico) unita nella fede.[95] Poiché, però, questa comunità si è successivamente disgregata, Dio ha ripetutamente inviato profeti (tra gli altri Noè, Mosè, Gesù, Maometto stesso) per restaurarla nell'unità originaria. Questo disegno si realizzerà solo nella "casa della pace", nel mondo dominato dall'Islam, cioè sottomesso ad Allah attraverso Maometto.

La Sura 5,48 spiega diversamente la pluralità religiosa: "Se Allah avesse voluto, avrebbe fatto di voi una sola comunità. Vi ha voluto però provare con quel che vi ha dato. Gareggiate in opere buone: tutti ritornerete ad Allah ed Egli vi informerà a proposito delle cose sulle quali siete discordi." Occasionalmente il Corano giustifica il pluralismo religioso semplicemente sulla base della diversità etnica, in modo che molte religioni corrispondano naturalmente ai molti popoli. Tuttavia questo è un punto controverso all'interno dell'Islam. Ma nel Corano le affermazioni opposte possono coesistere l'una accanto all'altra senza rapporto, poiché la soluzione si trova nell'onnipotenza di Allah, come si legge per esempio nella sura 25,54: "Il tuo Signore è potente".

Gli ebrei e i cristiani sono considerati dal Corano il "Popolo del Libro"; essi hanno una parte nelle rivelazioni dell'archetipo della rivelazione divina, la "Tavola protetta" (sura 85,22), altrove chiamata anche "Madre del Libro" (sure 13,39 e 43,4).

I seguaci della religione mosaica appaiono nel Corano – soprattutto a partire dalla fase di Medina, cioè dopo la fuga di Maometto verso questa città – sotto due nomi: figli di Israele ed ebrei. Questa distinzione si basa principalmente

---

[95] Si vedano: la sura 2,213, "Gli uomini formavano un'unica comunità", la sezione 1.3 sull'origine manichea di questa idea e la sezione 1.4 sulla visione antico-romana di universalità.

sul loro atteggiamento verso Gesù. Pertanto la frattura tra Ebraismo e Cristianesimo ha plasmato l'atteggiamento del Corano nei confronti degli ebrei e l'antigiudaismo cristiano è entrato nel Corano. "Secondo il Corano gli ebrei non erano altro che israeliti increduli: Gesù rivolse il suo messaggio ai figli di Israele; questi si divisero poi in due gruppi, i cristiani (*naṣārā*) che credevano in Gesù e gli altri, che non lo facevano. Questi ultimi furono chiamati ebrei."[96]

Nel corso della vita di Maometto assistiamo ad uno sviluppo del suo modo di trattare i seguaci di altre religioni. Come si vedrà più dettagliatamente nelle fasi del suo rapporto con gli ebrei, verso la fine della sua vita questi e i cristiani erano tollerati a certe condizioni. I politeisti, invece, spesso chiamati "associatori" – un termine che può essere diretto anche contro i cristiani e la loro dottrina sulla Trinità – devono convertirsi all'Islam senza eccezione, perché "la retta via ben si distingue dall'errore" (sura 2,256). A questo scopo è previsto un periodo di tempo, al termine del quale il Corano invita i musulmani: "Quando poi siano trascorsi i mesi sacri, uccidete questi associatori ovunque li incontriate, catturateli, assediateli e tendete loro agguati. Se poi si pentono, eseguono l'orazione e pagano la decima, lasciateli andare per la loro strada. Allah è perdonatore, misericordioso." (sura 9,5).

Le ragioni teologiche dell'atteggiamento del Corano nei confronti degli ebrei sono particolarmente evidenti nel modo in cui vengono presentate due figure centrali della storia biblica: Abramo e Mosè.

---

[96] Busse 1991, p. 33.

2.2 Abramo e Mosè nel Corano

Dall'Abramo biblico al prototipo del devoto musulmano

Contrariamente a quanto insinua la suggestiva espressione "religioni abramitiche", l'*Ibrahim* coranico – di cui si parla in diverse sure – non ha quasi nulla a che fare con il progenitore biblico di Israele, a prescindere dal suo nome. Questa differenza risulta evidente soprattutto in ciò che nel Corano viene omesso del racconto biblico. In "nessun passo del Corano Abramo appare come progenitore degli Israeliti"[97] nel senso di depositario di una promessa che passa a generazioni successive, visione biblica centrale anche per il Nuovo Testamento.

La sura 2,124 fa un passo avanti: In una conversazione con Ibrahim, Allah disereda il presunto ingiusto Israele: "E Abramo!... Quando il suo Signore [= Allah] lo provò con i Suoi ordini ed egli li eseguì, [il Signore] disse: «Farò di te un imām [= guida] per gli uomini», «E i miei discendenti?», «Il Mio patto, disse [Allah], non riguarda quelli che prevaricano» [= che significa Israele]."

La promessa biblica rivolta ai discendenti di Abramo viene invece espressa così: "Per mezzo di voi tutte le famiglie della terra riceveranno benedizioni" (Gen 12,3), il che rivela che il Corano ha operato una modifica di enorme significato: riferendosi ad Abramo viene escluso Israele dal processo di continuità della storia della salvezza, un'operazione che ricorda gli atteggiamenti antigiudaici manifestatisi anche nel corso della storia della Chiesa. Tali atteggiamenti antigiudaici cristiani hanno influenzato il testo coranico.

---

[97] Neuwirth 2010, p. 637.

Ma spesso non è più possibile individuare con esattezza e nel dettaglio in quali modi gli atteggiamenti antigiudaici cristiani abbiano influenzato il testo coranico. Sta di fatto che espressioni antigiudaiche vi sono state incorporate o sono state prodotte dal Corano stesso e, nel nostro caso, l'immagine distorta di Abramo ne è il segno.

La volontà della nascente comunità islamica di definirsi a partire dal segno di Abramo e parallelamente alla svalutazione delle tradizioni ebraiche, si riflette anche nella giustapposizione di Isacco e Ismaele. L'originale racconto biblico della "Legatura di Isacco" (Gen 22, 1-19), ha per oggetto la fiducia incondizionata di Abramo in Dio, che anche Isacco impara e attraverso la quale proprio in Isacco Dio conduce la promessa di benedizione alla sua meta. Il Corano, invece, trasforma questa narrazione in un mero atto di culto che passa di padre in figlio e sostituisce il depositario della promessa biblica, Isacco, con Ismaele (cf. sura 37,99-109). La corrispondente rappresentazione coranica della "Legatura" costituisce a tutt'oggi la base di una pratica sacrificale.[98]

A prescindere da riferimenti biblici, il Corano contiene anche una descrizione della costruzione del santuario della Mecca, operata da Ismaele insieme al padre Abramo. La funzione di questa descrizione è di fondare la Mecca

---

[98] Una parte centrale del pellegrinaggio alla Mecca costituisce una imitazione di questa rappresentazione di Abramo: "I pellegrini compiono, sull'esempio di Abramo, il suo (voluto) atto sacrificale. Il sacrificio di Abramo, il sacrificio festivo islamico, *aḍḥā*, l'uccisione di un animale che è obbligatoria per ogni pellegrino alla Mecca [...] è diventata un soggetto onnipresente nelle rappresentazioni pittoriche popolari." (Neuwirth 2014, p. 103). Abramo diventa così, di fatto, il fondatore dei riti della Mecca (cfr. sura 22,26s.).

(staccandosi in questo modo da Gerusalemme) sull'autorità biblica, come si legge nella sura 3,96-97: "La prima Casa che è stata eretta per gli uomini è certamente quella di Bakka [= Mecca], benedetta, guida del creato. In essa vi sono i segni evidenti del luogo in cui ristette Abramo: chi vi entra è al sicuro."[99]

In questo modo, Abramo viene strappato alla tradizione ebraica e cristiana, storicamente precedenti, per diventare il precursore di Maometto, come si legge nella sura 3,65-68. Così Maometto pretende di superare la frattura ebraico-cristiana: "O gente della Scrittura, perché polemizzate a proposito di Abramo mentre la Torah e il Vangelo sono scesi dopo di lui? Non capite dunque? Ecco, già polemizzate su ciò che conoscete, perché dunque intendete polemizzare su ciò di cui non avete conoscenza alcuna? Allah sa e voi non sapete. Abramo non era né giudeo né nazareno, ma puro credente [=ḥanīf] e musulmano. E non era uno degli associatori. I più vicini ad Abramo sono quelli che lo hanno seguito [così come hanno seguito] questo Profeta e quelli che hanno creduto. Allah è il patrono dei credenti."

Il termine arabo con cui viene identificato Abramo, *ḥanīf* ("incline ad Allah"), lo caratterizza come "monoteista pre-denominazionale"[100], cioè come una persona esemplare e pia, prima e oltre l'Ebraismo o il Cristianesimo. In alcune traduzioni del Corano, come anche qui, questa parola araba – hanif – viene semplicemente riportata come "musulmano".

---

[99] Vi sono indicazioni secondo cui già nei tempi preislamici la Mecca era collegata ai racconti su Abramo. Tramite il Corano queste tradizioni leggendarie divennero poi il contenuto della fede islamica.

[100] Neuwirth 2014, p. 106.

Abraham-Ibrahim diventa così sia il prototipo dei musulmani, *al-muslimūn* (vedi sura 2,135s.) sia l'immagine speculare di Maometto. Una sinossi dell'Ebraismo, del Cristianesimo e dell'Islam che possa essere ricondotta alla parola chiave "religioni abramitiche" è così esclusa dal Corano stesso. La fusione tra Abramo e Maometto – e l'esclusione di Israele – è parte integrante della pietà musulmana, come evidenzia la preghiera quotidiana dei musulmani:

"O Allah, invia le tue benedizioni su Muhammad e sulla discendenza di Muhammad, come hai inviato le Tue benedizioni su Abramo e sulla discendenza di Abramo. Tu sei il Degno di Lode, il Più Glorioso."

Mosè – da legislatore biblico ad accusatore degli ebrei

Nel racconto coranico su Mosè – in arabo *Musa* – il modo in cui le diverse storie bibliche sono state combinate è particolarmente sorprendente. Nella sura 28,38 si riporta l'episodio del rifiuto, da parte del faraone di lasciare partire Mosè e il suo popolo. Secondo questo versetto del Corano il faraone ordina al suo ministro quanto segue: "O Hāmān, accendi un fuoco sull'argilla [= fai fabbricare mattoni] e costruiscimi una torre, chissà che non ascenda fino al Dio di Mosè! Io penso che sia un bugiardo!", una chiarissima allusione all'episodio della Torre di Babele. Haman, il funzionario governativo persiano che ordisce trame contro gli ebrei nel Libro di Ester, viene dunque messo accanto al Faraone (Libro dell'Esodo), così come la Torre di Babele (Libro della Genesi): il tutto rielaborato in un'unica storia.

La figura coranica di Mosè-Musa esemplifica ancora più chiaramente di quella di Abramo-Ibrahim le diverse fasi della vita di Maometto, perché mostra il percorso di un uomo che diventa un grande profeta. I punti salienti di questo percorso possono essere riassunti con le seguenti espressioni-chiave: "l'incontro spirituale con il Dio trascendente, il sentimento di forza insufficiente di fronte alla missione, il sentirsi lacerato tra l'obbligo nei confronti della famiglia e la necessità di rompere con essa, l'esperienza della paura e del suo superamento e la forza di perseverare pazientemente nella situazione di umiliazione."[101]

Come già con Abramo-Ibrahim, così con Mosè-Musa anche le omissioni rispetto alla storia biblica originale sono significative. Nella sura 20, dedicata alla vita di Mosè, manca la descrizione della consegna della Torah, cioè la "consegna delle tavole", evento fondante dell'Ebraismo – o meglio, L'Evento – ma a cui si allude solo marginalmente e in sintesi[102], tacendo così un aspetto centrale della storia dell'elezione di Israele. Al contrario, nel Corano il racconto culmina in un ammonimento ai "figli di Israele": "perché colui sul quale viene la mia ira è perduto" (sura 20,81c).

Così i "figli di Israele" sono respinti e condannati da Mosè stesso. Prescindendo da ragioni teologiche, un fattore che ha influenzato questa visione coranica fu il rifiuto, da parte degli ebrei della regione di Medina, di partecipare alla guerra contro la città natale di Maometto, la Mecca – progetto che Maometto desiderava ardentemente.

L'evento centrale della storia del Musa coranico è il suo tentativo di convincere il faraone a lasciare partire il suo

---

[101] Neuwirth 2010, p. 653.
[102] Per esempio, nella sura 7,145: "Scrivemmo [= Allah] per lui, sulle Tavole, un'esortazione su tutte le cose e la spiegazione precisa di ogni cosa" o nella sura 20,80: "O Figli di Israele, vi liberammo dal vostro nemico e vi demmo convegno sul lato destro del Monte."

popolo, tentativo che, come nel racconto biblico, fallisce, ma nel Corano il faraone miscredente viene punito sia in questo mondo che nell'aldilà, nonostante si "converta" poco prima di annegare. Da questa narrazione, che appartiene al genere letterario della "leggenda penale", spesso utilizzata nel Corano, il lettore devoto comprende che il faraone è un esempio di ammonimento per tutti coloro che sfidano il messaggio di Maometto.

Nell'originale biblico, gli israeliti manifestano chiaramente la loro volontà di accettare la Torah di Dio che Mosè porta loro e questa risposta è stata tramandata in due versioni: "Faremo e ascolteremo" (Es 24,7) e "ascolteremo e faremo" (Dt 5,24). Nel Corano, invece, la risposta degli israeliti al dono della Torah si trasforma nell'esatto opposto. La sura 2,93 dà a questo modello biblico una svolta ironica, perché agli israeliti viene fatto rispondere: "Ascoltiamo ma disobbediamo". Questo rifiuto della Torah messo sulla bocca degli ebrei è ripetuto anche nella sura 4,46 in cui si trova un'accusa divenuta "classica": "Alcuni tra i giudei stravolgono il senso delle parole [...], contorcendo la lingua e ingiuriando la religione. Se invece avessero detto: «Abbiamo inteso e abbiamo obbedito», [...], sarebbe stato meglio per loro e più retto. Allah li ha maledetti per la loro miscredenza." Il resoconto coranico della presunta risposta degli israeliti alla Torah testimonia, quindi, un palese malinteso provocato dall'avere attinto alla storia biblica, rovesciandola. È così che un evento fondante di Israele come l'alleanza mosaica con il dono della Torah viene ritorto contro gli ebrei.

La storia della confluenza delle figure bibliche nel Corano risente dell'evoluzione del rapporto di Maometto con gli ebrei. Le fasi di questo rapporto sono chiaramente individuabili nel libro sacro islamico.

2.3 Le fasi del rapporto con gli ebrei nel Corano

Dal Corano si evincono tre distinte fasi nel rapporto di Maometto e della nascente comunità islamica con gli ebrei. Lo spettro delle idee e delle azioni va dal consenso alla determinazione di sterminio.

La fase 1 si estende dalle prime visioni alla Mecca nell'anno 610, alla Hijra, cioè alla fuga di Maometto dalla Mecca a Medina nell'anno 622. In questo periodo ebrei e cristiani sono identificati insieme come "gente della Scrittura." Inizialmente Maometto dichiara che tutto ciò che egli proclama nel suo ministero profetico è sulla linea dei "suoi predecessori" – soprattutto di Mosè e di Gesù. I versetti della sura 30, 2-5 documentano persino la sua simpatia per Bisanzio in vista della sconfitta contro i Sassanidi persiani. I versetti della sura 28,52-53 mostrano che alcuni cristiani ed ebrei dichiarano che vi sono alcune somiglianze tra la predicazione di Maometto e il messaggio biblico e si trovano d'accordo con lui, tanto che il Corano ne parla come di "musulmani" come si deduce dai seguenti versetti: "Coloro ai quali abbiamo [= Allah] dato il Libro [= il Corano] prima che a lui, credono in esso. Quando glielo si recita [= il Corano] dicono: «Noi crediamo in esso. Questa è la verità proveniente dal nostro Signore. Già eravamo sottomessi a Lui prima che giungesse»"

Già alla fine di questa prima fase, però, Maometto inizia a classificare alcuni del Popolo delle Scritture come "miscredenti".[103]

La fase 2 inizia con la Hijra, la fuga di Maometto da La Mecca a Medina nel 622, avvio dell'era musulmana. A Medina, una prospera città commerciale, Maometto ha modo di confrontarsi con numerosi ebrei colti, alcuni dei

---

[103] Così per esempio in sura 3,100.

quali lo considerano un profeta ebreo. In questo periodo viene introdotta la direzione della preghiera, la *qibla*, verso Gerusalemme. Appena due anni dopo, Gerusalemme viene sostituita dalla Mecca, come avviene ancora oggi.

In questa stessa fase Maometto si avvicina ad alcune tradizioni ebraiche che successivamente rivendica per sé. Ne è prova il cosiddetto "viaggio notturno", una sorta di visione, in cui il Profeta intraprende, appunto, un "viaggio notturno" – così il titolo della sura 17 – "dalla Santa Moschea [cioè la Mecca] alla Moschea remota" [in altre traduzioni chiamato anche "luogo di adorazione lontano"] (sura 17,1). Questa formulazione pone le basi per una situazione politico-religiosa epocale: per definizione La Mecca è il centro di tutto e il resto è periferia, ma la tradizione islamica inizia a rivendicare Gerusalemme come meta di questo viaggio leggendario, e in particolare il luogo del tempio ebraico distrutto, inaugurando anche la serie di numerosi conflitti che affliggono questo luogo fino ad oggi.

Questa visione evidenzia il processo teologico dell'incorporazione della tradizione biblica ebraica e della sua sottomissione al sistema di fede islamico. Motivo del viaggio visionario a Gerusalemme è il tema biblico del Pellegrinaggio verso Sion.[104] Tuttavia la motivazione non va secondo l'immagine biblica del voler imparare la "saggezza da Sion", bensì di dimostrarsi erede di Israele. Anche l'adozione di diverse usanze ebraiche, come quelle riguardanti le leggi alimentari (sura 5,3–5), risale a questo periodo, come nello stesso periodo Maometto permette (!) agli

---

[104] Cfr. Salmo 122, 1s.: "Mi sono rallegrato quando mi è stato detto: Alla casa del Signore andiamo in pellegrinaggio. E noi siamo alle tue porte, Gerusalemme".

ebrei di mangiare tutto quello che mangiano i musulmani. In questo modo si appropria di parte della tradizione ebraica dichiarandosene l'erede che ha potere di decidere sugli spodestati.

Anche la battaglia di Badr[105] del 624 cade in questa seconda fase. Qui Maometto aveva ottenuto una vittoria inaspettata contro i Meccani, durante una delle sue numerose incursioni, avvenimento che lo incoraggiò a conquistare la sua città natale, la Mecca. Ma le tribù ebraiche locali non appoggiarono questa guerra, attirando su sé stesse le più severe conseguenze: "Maometto si sbarazzò degli ebrei in diverse avanzate; due tribù furono cacciate dalla città [di Medina], la terza cadde vittima di un massacro."[106]

Queste espulsioni, sottomissioni e campagne di sterminio sono strettamente associate al nome dell'oasi di Khaybar dove, nel 628, ebbe luogo una battaglia tra i suoi abitanti ebrei e i musulmani, che ne uscirono vittoriosi. Ne seguì un complicato conflitto che, dopo un breve periodo di coesistenza, si concluse con l'espulsione degli ebrei nel 642 per ordine del califfo Omar, secondo cui Maometto prima di morire aveva dichiarato che non potevano esistere due religioni contemporaneamente nell'Hejaz, cioè nell'Arabia centrale.

---

[105] "Secondo la testimonianza della prima tradizione islamica, Maometto e circa 300 dei suoi seguaci si erano recati a Badr per intercettare una ricca carovana della Mecca... [Nel viaggio] i musulmani incontrarono improvvisamente una forza Meccana numericamente superiore a quella di Badr, sopraggiunta per proteggere la carovana, infliggendole una severa sconfitta." (Maier, Koran-Lexikon, p. 21).

[106] Busse 1991, p. 20.

Il nome emblematico di Khaybar tornò attuale nel 2017, quando, in seguito al riconoscimento, da parte degli Stati Uniti, di Gerusalemme come capitale di Israele, in diverse città europee si sono levati canti di rabbia:

*"Khaybar, Khaybar, ya yahud,
Djaish Muhammad saya'ud."*

"Khaybar, Khaybar, oh voi ebrei!
L'esercito di Maometto tornerà."

Si tratta quindi di un'aperta minaccia di espulsione e di sterminio. In Israele, dove questo nome è ben conosciuto anche perché identifica un tipo di razzo di Hezbollah (il Khaybar-1), il fatto che questo appello sia risuonato anche in Germania senza che vi sia stata alcuna reazione, ha suscitato un'ondata di sdegno. **Nella fase 3**, caratterizzata anche dalla nascita della legge islamica, la Sharia, il rapporto tra i musulmani e gli ebrei, risultato di nuove condizioni politico-militari sorte in seguito alle conquiste di Maometto, vede l'affermarsi di una tolleranza riconosciuta, però, a determinate condizioni.

Come è nata questa sorta di "moderazione"? Vista l'espansione della sfera di potere della comunità musulmana combattente, divenne evidente che fare affari con ebrei o cristiani era più redditizio che possedere un'oasi spopolata. D'altro canto, poiché Maometto aveva capito di non potere semplicemente obbligare gli ebrei ad aderire all'Islam, la libertà di culto venne condizionata all'imposizione di un contratto d'affitto. Questo sviluppo traccia "la strada per la politica futura verso il popolo delle Scritture, indipendentemente dalla denominazione [...] [che] consisteva nel concedere loro la libertà di culto e nell'obbligarli a pagare le tasse, di solito una tassa a testa (*gizya*) (sura 9,29), ai musulmani."[107] Ebrei e cristiani sotto il dominio musulmano sono così diventati "soggetti a protezione" (*dhimmi*) o, in altri termini, cittadini di seconda classe nei paesi musulmani, fino ad oggi.

L'accesso alla proprietà dei non musulmani, così come l'istituzione della tassa sulla testa, che deve essere pagata "a mano" in segno di umiliazione, ha solo l'apparenza di una forma di tolleranza.[108] Essa manifesta, in realtà, lo stato di guerra latente tra la "casa dell'Islam" e la "casa della Guerra" non dominata dai musulmani.

Si tratta di una situazione di guerra permanente facilmente osservabile in numerosi paesi musulmani anche oggi, dove la pena di morte è legittimata e praticata apertamente in caso di abbandono dell'Islam e avallata anche dall'attuale presidente dell'Università Al-Azhar del Cairo, Ahmed al-Tayyeb, cercato dall' Occidente in quanto considerato un interlocutore moderato.[109]

---

[107] Busse 1991, p. 51.

[108] Cfr. Nagel, Was ist der Islam, p. 565: "Attraverso la consegna di una tassa sulla testa, una sorta di tassa penitenziale per espiare il rifiuto di entrare nell'Islam, che è collegata con un gesto di umiltà, essi [= i dhimmi] possono almeno assicurare la loro vita."

[109] In un'intervista del 16 giugno 2016 Ahmed al-Tayyeb ha così risposto alla domanda su cosa fare quando si lascia l'Islam: "Le quattro scuole di legge concordano sul fatto che l'apostasia [cioè l'abbandono dell'Islam] è un crimine e che a un apostata dovrebbe essere chiesto di pentirsi e se non lo fa, dovrebbe essere ucciso." Per l'intervista: https://www.mena-watch.com/mena-analysen-beitraege/der-papst-der-grossscheich-und-die-toleranz/ (ultimo accesso il 01/07/2019). In essa al-Tayyeb giustifica l'uccisione dell'apostata con il pericolo per la società islamica, paragonabile all'alto tradimento.

Questa terza fase della relazione con gli ebrei non implica alcun tipo di accordo con l'Ebraismo in quanto tale o con i singoli ebrei. Le fasi della convivenza si contrappongono infatti ai duri detti degli hadith, le raccolte di detti di Maometto che hanno preso forma secoli dopo la sua morte. In uno di questi, ancora oggi nei paesi arabi citato dai media e insegnato nelle scuole nonché incluso nella Carta di Hamas, persino l'avvento del Giudizio Universale è legato allo sterminio degli ebrei: "L'Ultimo Giorno non verrà finché tutti i musulmani non combatteranno contro gli ebrei, e i musulmani non li uccideranno, e fino a quando gli ebrei si nasconderanno dietro una pietra o un albero, e la pietra o l'albero diranno: O musulmano, o servo di Allah, c'è un ebreo nascosto dietro di me – vieni e uccidilo."[110]

2.4 Domande all'antigiudaismo coranico

Orientamenti intra-islamici

Parallelamente alla radicalizzazione di ampi circoli musulmani si assiste anche al tentativo di altri gruppi di prendere le distanze dalle affermazioni anti-ebraiche del Corano, tentativo espresso attraverso il principio dell'"abrogazione", secondo cui i versetti del Corano di un primo periodo vengono abrogati da quelli successivi in caso di contraddizione. Non mancano, infatti, musulmani liberali che intendono il Corano un documento legato a un certo tempo e al relativo

---

[110] Dalla collezione degli hadith del libro di Sahih al-Bukhari 4:6985 (disponibile, in inglese, in: https://web.archive.org/web/20171005173210/http://cmje.usc.edu/religious-texts/hadith/muslim/041-smt.php#041.6985 – ultimo accesso il 26/10/2019).

contesto e quindi non decisivo per questioni che vanno al di là della pietà personale. Vi sono inoltre tentativi di dichiarare la "misericordia di Dio" come *leitmotiv* coranico, come la sua misura, il che implicherebbe che tutte le sue singole affermazioni dovrebbero essere misurate con il metro di tale misericordia e, se necessario, essere respinte – come dovrebbe avvenire nel caso delle affermazioni antigiudaiche.

Tali orientamenti, tuttavia, sono in contrasto con principi islamici quali l'origine del Corano da Allah stesso e la missione fondamentale di sottomettere il mondo intero alla "continua attività creativa di Allah".[111] È quindi difficile che interpretazioni relativizzanti emergenti abbiano una possibilità realistica di diffondersi, perché dovrebbero essere suffragate dallo stesso testo coranico.

Perciò è importante non farsi illusioni sulla portata dell'odio verso gli ebrei all'interno della comunità islamica: conseguenza logica dei corrispondenti detti coranici ed intimamente intrecciata con la Tradizione islamica. Questa amara intuizione è solo attenuata dal fatto che ci sono state lunghe fasi della storia in cui, sotto il dominio musulmano, gli ebrei hanno goduto di una situazione migliore che sotto il dominio cristiano.

L'esempio di una voce ebraica sul Corano

La polemica antiebraica contenuta nel Corano non poteva non esercitare un forte impatto su chi ha sperimentato la follia nazista. È il caso di un contemporaneo imparziale come

---

[111] Si veda ad esempio la sura 2,255: "Allah! Non c'è altro dio che Lui, il Vivente l'Assoluto. Non Lo prendono mai sopore né sonno. A Lui appartiene tutto quello che è nei cieli e sulla terra."

il pubblicista tedesco Ralph Giordano (1923-2014). Dopo le sue traumatiche esperienze sotto la persecuzione nazista contro gli ebrei, divenne una figura di spicco del giornalismo di sinistra nella Germania occidentale del dopoguerra. Su suggerimento del suo amico Chaim Noll, un acuto scrittore tedesco-israeliano, Giordano si impegnò a leggere il Corano nella sua interezza. In una delle sue pubblicazioni, Noll cita una lettera in cui Giordano descrive come questa lettura lo abbia cambiato: "Mi sono preso la briga di leggere il Corano. Dalla prima sura fino all'ultima, la 114ª. È una lettura dell'orrore e della follia. C'è un continuo richiamo a uccidere gli infedeli, ma soprattutto gli ebrei, gli ebrei, gli ebrei, gli ebrei [...]. Vi dico, dopo aver letto il Corano: il Corano è il libro più anti-ebraico che abbia mai visto nella mia lunga vita."[112]

Una missione cristiana

Il riconoscimento della natura feroce dell'antigiudaismo coranico non può limitarsi all'indignazione. Da un punto di vista cristiano, non può non aprire la strada ad una missione specifica. Già il Concilio Vaticano II ha affermato nella Dichiarazione *Nostra aetate* (1965) che gli Ebrei "in grazia dei padri, rimangono ancora carissimi a Dio, i cui doni e la cui vocazione sono senza pentimento."[113] Questa intuizione

---

[112] Fonte del testo originale in tedesco: www.achgut.com dal 28/06/2018 (ultimo accesso il 16/12/2018).

[113] Dichiarazione Sulle Relazioni della Chiesa con le Religioni Non Cristiane *Nostra aetate*, n. 4: http://www.vatican.va/archive/hist_councils/ii_vatican_council/documents/vat-ii_decl_19651028_nostra-aetate_it.html: (ultimo accesso il 08/08/2020).

ha iniziato solo recentemente ad entrare nella coscienza cristiana generale. Nel Vangelo di Giovanni la frase "La salvezza viene dagli ebrei" (Giovanni 4, 22b) è stata tramandata da Gesù, chiamato *Issa* nel Corano e onorato come profeta, ma il diluvio di atteggiamenti antiebraici divenuti parte della storia del Cristianesimo ha troppo spesso oscurato il valore della storia ebraica della salvezza narrata nell'Antico Testamento, di cui questo versetto è testimone.

La scoperta di una gratitudine nei confronti di questa "storia della salvezza", da cui traggono beneficio i cristiani come gli stessi musulmani, potrebbe costituire una via privilegiata verso l'apprezzamento sia della tradizione propria che verso gli ebrei di oggi.

A differenza dell'Ibrahim coranico, San Paolo ha *esteso* ai cristiani la discendenza abramitica degli ebrei (cfr. Gal 2,6-10) *senza sostituirli*. Non ha mai lasciato il suolo del giudaismo, ma ha lavorato con passione per salvaguardare la benedizione abramitica per tutti i popoli. Sarà sempre Israele l'olivo fruttuoso sul quale i gentili sono stati innestati, come descritto nel capitolo 11 dell'Epistola ai Romani. Per i cristiani, quindi, pensarsi come "Popolo di Dio" è possibile solo *insieme* con Israele, come raccomanda, per parte cattolica, anche *Nostra aetate*.[114]

Papa Giovanni Paolo II ha dato alla Chiesa cattolica un importante criterio interpretativo: in un discorso pronunciato nel 1980 nella città tedesca di Magonza ha ribadito che

---

[114] Cfr. *Nostra aetate* n. 4: "Per questo [la Chiesa] non può dimenticare che ha ricevuto la rivelazione dell'Antico Testamento per mezzo di quel popolo con cui Dio, nella sua ineffabile misericordia, si è degnato di stringere l'Antica Alleanza, e che essa stessa si nutre dalla radice dell'ulivo buono su cui sono stati innestati i rami dell'ulivo selvatico che sono i gentili."

quello con Israele è prima di tutto un dialogo "all'interno della nostra Chiesa, per così dire tra la prima e la seconda parte della sua Bibbia."[115] L'eredità di Israele non è quindi qualcosa di esterno alla Chiesa, ed è per questo che la Chiesa è già per se stessa e in virtù della propria identità costantemente impegnata a custodire questo patrimonio: le voci ebraiche devono *sempre* essere incluse.

Ne consegue che non ci può essere dialogo tra musulmani e cristiani che ignori o minimizzi l'antigiudaismo coranico e islamico. La *teologia della sostituzione* – purtroppo emersa ripetutamente nel corso della storia cristiana – ha lasciato una traccia fatale nella storia, con conseguenze che lambiscono l'idea coranica dell'estinzione della storia ebraica e del popolo ebraico. La risposta cristiana di oggi è un costante lavoro di sollecitazione a portare la questione nella direzione corretta. Le conseguenze di questa visione passano dalla grande politica – si pensi per esempio all'adesione europea al trattato nucleare con l'Iran, nazione che non perde occasione per richiamare alla distruzione dello Stato di Israele – a forum di dialogo musulmano-cristiano fino a contatti quotidiani con i musulmani. Il "mai più" come impegno invocato sempre a memoria della Shoah deve diventare "Solo *con* Israele", soprattutto quando si parla con i musulmani.

---

[115] Dal discorso ai rappresentanti della comunità ebraica nel museo della cattedrale di Magonza del 17 novembre 1980: http://www.vatican.va/content/john-paul-ii/it/speeches/1980/november/documents/hf_jp_ii_spe_19801117_ebrei-magonza.html (ultimo accesso il 08/08/2020).

3. Gesù nel Corano

3.1 Fonti della percezione coranica su Gesù
Il ricorso alle fonti apocrife

Similmente alla rappresentazione di Abramo e Mosè, nel Corano le numerose menzioni di Gesù[116] servono soprattutto a legittimare il Corano come rivelazione definitiva. Spesso il Corano attinge a fonti cosiddette "apocrife". Si tratta di scritti di origine cristiana che la Chiesa, per il loro carattere leggendario o eretico, spesso gnostico, non ha incluso nel canone del Nuovo Testamento. Qui di seguito, la scena dell'Annunciazione illustra esemplarmente come questi testi originali sono stati trasformati.[117]

---

[116] L'idea di Gesù che emerge dal Corano è oggetto di numerose ricerche. Da segnalare, per la sua precisione, il volume di Heikki Räisänen, Das koranische Jesusbild. Ein Beitrag zur Theologie des Korans [La concezione coranica di Gesù. Un contributo alla teologia del Corano] (Helsinki: Finnische Gesellschaft für Missiologie und Ökumenik, 1971) che costituisce la base di questo capitolo. Nel suo studio Räisänen sottolinea l'importanza "di scoprire e comprendere le intenzioni originali ... del Corano" (p. 13) ed evidenzia anche il versante problematico della sua lettura dialogica (cristiana) che ne fa una sorta di "esercizi spirituali interreligiosi" (p. 14), cioè una fonte di ispirazione spirituale, oscurando, di fatto, le reali intenzioni che vi sono espresse.

[117] In questo processo di trasformazione, similmente a quanto avvenuto nel caso di altre figure bibliche, è molto probabile che Maometto e gli autori del Corano abbiano elaborato informazioni raccolte da tradizioni orali e non dai testi stessi.

La scena neotestamentaria lucana dell'annunciazione dell'angelo a Maria si conclude: "Allora Maria disse: 'Ecco la serva del Signore: avvenga per me secondo la tua parola'. E l'angelo si allontanò da lei." (Luca 1,38). Anche il protovangelo apocrifo di Giacomo[118], fonte principale[119] da cui il Corano ha attinto la descrizione di Maria, conclude la scena allo stesso modo. Il Corano però, aggiunge all'obiezione di Maria ("Come potrei avere un figlio...?"): "Rispose [= il "messaggero del Signore"]: «È così. Il tuo Signore ha detto: "Ciò è facile per Me... Faremo [Noi = Allah] di lui [= Gesù] un segno per le genti e una misericordia da parte Nostra. È cosa stabilita"». Lo concepì e, in quello stato, si ritirò in un luogo lontano." (sura 19,21-22).

La differenza cruciale rispetto all'originale è che nel Corano Maria non esprime il suo assenso ("sia fatto a me", nella formula breve latina: "fiat") e che l'angelo annunciatore afferma che è "cosa stabilita" dal punto di vista di Allah. Questa piccola differenza testuale rispecchia, nel Corano, un'idea del rapporto tra Dio e l'uomo in cui il libero

---

[118] Cfr. il Protovangelo di Giacomo 11, 1-3, in: https://www.gironi.it/testi-sacri/protovangelo-di-giacomo.php

[119] In questo senso Neuwirth in 2010, p. 484. Una chiara deviazione dell'immagine di Maria nel Corano rispetto al racconto biblico è rappresentata dalla sua confusione con Miriam, sorella di Mosè: il padre della Maria neotestamentaria, infatti, nel Corano è Amram (arabo: *Imram*) come, secondo il racconto biblico, il padre di Mosè, Aronne e Miriam (cfr. 1 Cronache 5,29). Interrogandosi sulla ragione di questa confusione, alcuni autori (cfr. Busse, 1991, p. 118) affermano che Maometto e gli autori del Corano abbiano ascoltato un'interpretazione tipologica, nata in contesto cristiano, che pone in analogia il padre di Mosè e il padre di Maria.

consenso umano al piano di Allah non è necessario poiché questo piano è già "cosa stabilita".

Arbitrarietà teologica nelle fonti apocrife

Per secoli il Cristianesimo ha faticato a comprendere adeguatamente la natura di Gesù Cristo e ad elaborare un linguaggio che potesse esprimerla correttamente. Questo processo, delicato e complesso ma necessario, è durato fino alla nascita dell'Islam, in quanto l'ultimo dogma cristologico sull'unità delle due volontà in Gesù è stato formulato nel 680/681.[120] Gli scritti apocrifi cristiani riflettono questo processo e ne testimoniano l'evoluzione. Da un punto di vista retrospettivo, i tentativi operati dagli eretici e dagli autori degli scritti apocrifi sono stati in definitiva utili al discernimento che ha condotto alla formulazione dei grandi dogmi cristologici della Chiesa primitiva.

Il problema è che Maometto e i coautori del Corano hanno tratto le loro informazioni sul Cristianesimo per lo più proprio da questi scritti apocrifi o dalle loro distorsioni di derivazione orale. Ciò che nell'epoca storica della ricerca dell'identità cristiana costituiva ancora un processo teologico vivo che imponeva ancora la necessità di essere sfrondato da espressioni inadeguate, è di fatto diventato parte dell'inviolabile testo "sacro" del Corano.

Il ricorso al fenomeno biochimico della fermentazione può aiutare a comprendere meglio cosa è avvenuto: nel processo di fermentazione – che nel nostro caso possiamo accostare a quello dell'elaborazione di una cristologia adeguata – diversi componenti interagiscono tra loro, determinando delle trasformazioni, mentre il Corano ha, per così dire, "congelato"

---

[120] Cfr. la sezione 3.5 "Una comprensione più profonda di Gesù".

separatamente questi componenti. Indipendentemente dalle dispute teologiche interne cristiane, nel testo coranico, mediante la sacralizzazione, gli argomenti della riflessione cristologica vennero isolati e in tal modo tratti fuori da un vivo processo di sviluppo. La cristallizzazione di posizioni teologiche ancora incomplete e solo embrionali, ha causato che fino ad oggi i musulmani le considerino genuina espressione del Cristianesimo.

Un esempio è dato dagli episodi descritti negli apocrifi che hanno come scopo quello di dimostrare l'onnipotenza divina in opera in Gesù già in giovane età, un tema assai ricorrente nelle storie dell'infanzia narrate nell'apocrifo Vangelo di Tommaso. Qui il ragazzo mostra un comportamento quasi sconsiderato: in seguito all'uccisione, da parte di Gesù tramite una sua "parola di autorità"[121], di un coetaneo che lo aveva spinto, è scritto che "Quanti videro questo, si spaventarono molto, restarono perplessi, e dicevano a proposito di lui [= il ragazzo Gesù], che ogni parola che [= Gesù] pronunciava, buona o cattiva che fosse, era un fatto compiuto. E divenne una meraviglia. Vedendo che Gesù aveva fatto una tale cosa, Giuseppe si alzò, gli prese l'orecchio e glielo tirò forte. Il ragazzo [= Gesù] allora si sdegnò e gli [= Giuseppe] disse: 'A te basti cercare e non trovare! ... Non mi molestare!'."[122]

Per il lettore di oggi questa storia è assurda, ma in quel tempo serviva solo ad affermare l'onnipotenza divina, slegata da qualunque categoria (nel testo, della parola di Gesù

---

[121] Vangelo dell'infanzia di Tommaso 4,1: "Gesù, irritato, gli disse [= al ragazzo che lo aveva spinto]: 'Non percorrerai tutta la tua strada!' E subito cadde morto." (Vangelo di Tommaso: Testo IntraText CT).

[122] Vangelo dell'infanzia di Tommaso 5,2.

è detto: "buona o cattiva che fosse") e plasmata solo dalla volontà. Nella storia della teologia questo fenomeno si chiama "volontarismo".[123]

Alla fine della narrazione apocrifa sopra citata, questa enfasi sulla volontà, indipendente da qualunque categoria morale, viene poi ammorbidita precisando che tutti coloro che venivano "puniti" dal ragazzo Gesù venivano guariti.[124] Per il Corano però, l'episodio non è che una conferma dell'onnipotenza di Allah, che non è ostacolata da nulla, e che diventa motivo determinante.[125] Appare chiaro quanto sia importante che la Chiesa abbia preso, in seguito, le distanze da questi scritti e dal volontarismo che esprimevano.

3.2 Caratteristiche della percezione coranica su Gesù

Rappresentazioni di Gesù

Il Corano parla di Gesù – in arabo *Issa* – soprattutto nelle sure 3,33–57, 5,110–120 e 19,1--33. La sua biografia non viene mai raccontata in modo coerente, ma in maniera piuttosto frammentata come, ad esempio, nella sura 3,33–57. Complessivamente, Gesù-Issa è menzionato in quattordici

---

[123] È interessante notare che Papa Benedetto XVI nella sua "Lectio Magistralis di Ratisbona" affronta questo problema in modo specifico: cfr. la sezione 4.3, "La Lectio Magistralis di Ratisbona di Papa Benedetto XVI".

[124] Cfr. Vangelo dell'infanzia di Tommaso 8,2: "Quando il ragazzo cessò di parlare, tutti coloro che erano caduti sotto la sua maledizione furono subito risanati. Da allora, più nessuno osava provocarlo, per non essere da lui maledetto e rimanere cieco."

[125] Su questo si vedano le osservazioni di Papa Benedetto XVI (nella sezione 4.3) sulla necessità di superare il volontarismo teologico.

sure che ne fanno, accanto ad Abramo e a Mosè "il personaggio biblico più frequentemente menzionato"[126] nel Corano. Oltre ad un breve accenno ai suoi miracoli e all'elezione dei discepoli, si fa riferimento alla sua predicazione, ai riferimenti agli ebrei e alla sua ascensione in cielo.

Una fonte particolarmente illuminante è costituita dalla sura 19,1–33, che appartiene alle sette cosiddette "Sure Raḥman" dedicate al tema della misericordia di Dio. La sura 19 risale al periodo meccano, caratterizzato da un atteggiamento più o meno positivo nei confronti dei cristiani da parte di Maometto. In questa sura la storia di Gesù è incastonata all'interno della storia di sua madre, da cui l'intera sura prende il nome ("Maryam" = Maria).

Similmente al racconto lucano la sura 19 mette in parallelo le storie dell'infanzia di Giovanni Battista e di Gesù ma spogliate di ogni tratto cristologico. Nel Corano la persona di Giovanni Battista non ha alcun ruolo rispetto all'opera di Gesù; entrambe le storie rimangono scollegate l'una dall'altra.

Il "discorso" che il neonato Gesù-Issa pronuncia in difesa di sua madre illustra bene i punti chiave dell'immagine coranica di Gesù.

Il discorso di difesa del neonato nella sura 19

Questo discorso è introdotto dal ritorno di Maryam al suo villaggio con il neonato in occasione del quale viene accusata di adulterio: "Maria indicò loro [il bambino]. Dissero: «Come potremmo parlare con un infante nella culla?»" (sura 19:29). È lo stesso neonato Gesù a rispondere: "[Ma

---

[126] Gnilka, Joachim, Bibel und Koran [Bibbia e Corano]. Herder: Freiburg 2004, p. 105.

Gesù] disse: «In verità sono un servo di Allah. Mi ha dato la Scrittura e ha fatto di me un profeta. Mi ha benedetto ovunque sia e mi ha imposto l'orazione e la decima finché avrò vita, e la bontà verso colei che mi ha generato. Non mi ha fatto né violento né miserabile. Pace su di me il giorno in cui sono nato, il giorno in cui morrò e il giorno in cui sarò resuscitato a nuova vita»." (sura 19:30-33).

La prima cosa che colpisce il lettore in questo discorso è quanto Gesù-Issa, parlando di sé, sia stato adattato all'immagine di Maometto: è un "servo di Allah", non ha alcuna pretesa di divinità, ma ha un "dono di benedizione" divinamente concesso. Inoltre, il lettore attento si accorgerà che questo Issa si comporta secondo i dettami dell'Islam, praticando la preghiera, pagando la tassa per i poveri e dichiarando che un giorno sarà risuscitato.

Un altro tratto caratteristico del Gesù coranico è l'essere depositario della "Scrittura", termine che nel Corano è ripetutamente associato a Gesù ed ha lo scopo di stabilire un'analogia: come a Mosè è stata data la Torah, a Gesù è stato dato "il Vangelo" – e a Maometto il Corano.

Il fatto che si parli di "Scrittura" al singolare "corrisponde alla specifica idea coranica che non si riferisce ai *quattro* vangeli su Gesù, ma a *una* sola e unica rivelazione che gli è stata donata."[127] Ne risulta l'applicazione a Gesù di quanto affermato per Maometto: la Scrittura – termine con cui si intende "il Vangelo" – *non riporta* qualcosa su Gesù, bensì gli è stata *consegnata*.

---

[127] Neuwirth 2010, p. 488. In questo senso va inteso "il Vangelo".

Gesù come prefigurazione di Maometto e modello profetico

Gli autori del Corano erano a conoscenza delle dispute teologiche sulla persona di Gesù. Queste costituiscono il sottofondo dell'immagine coranica che lo inscrive nello schema del modello profetico.

Dopo il discorso di difesa del neonato sopra menzionato, la sura 19 continua a riflettere queste dispute: "Questo è Gesù, figlio di Maria, parola di verità della quale essi dubitano. Non si addice ad Allah prendersi un figlio. Gloria a Lui! Quando decide qualcosa dice: «Sii!» ed essa è. «In verità, Allah è il mio e vostro Signore, adorateLo! Questa è la retta via.» Poi le fazioni furono in disaccordo tra loro. Guai a coloro che non credono..." (sura 19,34–37).

Questa rappresentazione fa di Gesù un testimone di spicco del monoteismo "puro", perché rifiuta categoricamente il titolo di Figlio di Dio per sé stesso, e un proclamatore dell'unità nella fede. Gesù-Issa viene raffigurato come una "figura teologicamente controversa che adotta un motto spesso ripetuto nelle sure successive"[128]: "In verità, Allah è il mio e vostro Signore, adorateLo! Questa è la retta via." (sura 19,36). La disunione evocata nel versetto 37 ("Poi le fazioni furono in disaccordo tra loro.") allude alle dispute riguardanti Gesù tra ebrei e cristiani e tra i cristiani stessi.

Ciò che il Corano dice qui di Gesù riflette principalmente la situazione di Maometto e della emergente comunità islamica: aspre discussioni e lotte per l'affermazione di un monoteismo "puro". Con la rappresentazione di Gesù-Issa quale prefigurazione di Maometto, la emergente comunità

---

[128] Neuwirth, 2010, p. 489.

islamica può prendere Gesù-Issa stesso come "prominente" autorità pretesa per sé stessa.

Dietro questa rivendicazione appare anche una schematizzazione del profeta-tipo che si trova spesso nel Corano e che può essere riassunta come segue: il profeta, che proclama il monoteismo, viene provvisto da Allah di "miracoli di autenticazione; trova seguaci e aiutanti, ma più avversari che cercano di ucciderlo; alla fine è salvato per l'intervento di Allah."[129] Secondo questo schema il Corano trasforma il Gesù storico in funzione di Maometto.

Il rifiuto della crocifissione di Gesù

Un'altra caratteristica centrale dell'immagine coranica di Gesù è la negazione o presunta finzione della sua crocifissione. La menzione di una crocifissione finta appare nella sura 4,157-158, in un contesto fortemente anti-ebraico: "... e [i Giudei] dissero: «Abbiamo ucciso il Messia Gesù figlio di Maria, il Messaggero di Allah!». Invece non l'hanno né ucciso né crocifisso, ma così parve loro. Coloro che sono in discordia a questo proposito, restano nel dubbio: non hanno altra scienza e non seguono altro che la congettura. Per certo non lo hanno ucciso ma Allah lo ha elevato fino a Sé. Allah è eccelso, saggio."

Questo resoconto è diretto sia contro gli ebrei che contro i cristiani. I due versi sono incorniciati da una lunga lista di "malefatte" degli ebrei (sura 4,153-160) i quali non sono accusati di aver ucciso Gesù, "ma di aver affermato di aver ucciso Gesù."[130] Di fatto, ogni musulmano recepisce, da questi versetti del Corano, il messaggio secondo cui gli ebrei

---

[129] Busse 1991, p. 123s.
[130] Busse 1991, p. 136.

sono colpevoli in due modi: in primo luogo perché hanno perseguitato il "profeta Gesù" fino al sangue, e in secondo luogo, perché mentono nascondendo l'evento che – secondo la logica coranica – è quello reale: la salvezza di Gesù dalla crocifissione. Seguendo questa logica, la tragedia dei cristiani consiste nel fatto che essi hanno creduto a questa "bugia" degli ebrei, sulla quale ancora oggi fondano la loro fede. Di conseguenza, la visione di qualsiasi croce evoca nel musulmano questa idea di sospetti e distorsioni.

Il ricorso al docetismo

Dallo scampato "pericolo della crocifissione" da parte di Gesù il Corano trae una "soluzione docetistica". Il termine "docetismo" deriva dal greco "dokein", che significa "apparire come se fosse" e riassume un'eresia delle origini cristiane secondo cui Gesù, "vero Dio", solo *apparentemente* ha sofferto, solo *apparentemente* ha condotto un'esistenza umana. Questa negazione della piena umanità di Gesù recepisce le idee filosofiche greche che mettono la "conoscenza" interiore ("gnosi") al di sopra della "redenzione" della natura umana. Attraverso la mediazione di questo ambiente gnostico-eretico che ha scisso la materia dallo spirito, il Corano ha elaborato la sua visione di profeta.

Il Gesù-Issa che ha terminato la sua vita terrena secondo lo schema del profeta salvato, è ovviamente una falsificazione della storia reale. Anche non volendo menzionare i resoconti evangelici che concordano sulla crocifissione, è proprio lo scandalo di un Messia crocifisso a parlare a favore dell'autenticità dell'accaduto. Dal punto di vista dei seguaci di Gesù sarebbe stato molto più ovvio ignorare lo "scandaloso" destino del loro Messia anziché farne un evento apicale. Rifiutare, come fa il Corano, questo evento storico riflette proprio l'atteggiamento di chi considera la crocifissione di un uomo giusto un intollerabile "scandalo".

Inoltre, il racconto coranico si regge sul fondamentale malinteso teologico che vede l'uomo come strumento non libero del piano divino di salvezza, malinteso applicato anche all'uomo Gesù-Issa coranico.

Il Corano lascia aperte le porte alla possibilità di un destino diverso di Gesù, che contempla la morte naturale o la sua "salvezza" permanente. Muhammad ibn Jarir al-Tabari (839–923), autorevole commentatore musulmano del Corano, interpreta la crocifissione di Gesù come morte solo apparente (secondo la visione docetistica) cui ha seguito poi la salvezza, riportando alcune delle storie che circolavano all'epoca, alimentate da tendenze gnostiche e probabilmente anche manichee.[131]

Gesù-Issa come accusatore escatologico dei cristiani

La sura 4,159 mette in evidenza un'altra caratteristica del Gesù-Issa coranico: quella di essere un testimone al momento del Giudizio Universale ("nel Giorno della Resurrezione") sulla

"Gente della Scrittura". Il Cristo giudice del mondo secondo la tradizione cristiana diventa, in quella coranica, un testimone d'accusa contro i cristiani sotto l'arbitrato di Allah. In questo senso, Gesù-Issa è alla pari di molti altri "testimoni" che devono comparire davanti ad Allah alla testa della loro comunità il giorno del giudizio finale. Così si legge

---

[131] Vedi anche Simon 1997, 139: "La crocifissione di Gesù, che solo appare come tale, è certamente una dottrina che Maometto ha probabilmente sentito in un contesto gnostico-manicheo." Cfr. la sezione 1.3 "Elementi manichei".

nella sura 10,47: "Ogni comunità ha un messaggero. Dopo che il messaggero sarà venuto [al Giudizio del popolo di una comunità e testimonierà contro di loro], verrà giudicato tra loro con giustizia e nessuno subirà un torto."

Il giudizio finale riguarderà anche l'idea cristiana di Dio che il Corano afferma di conoscere. In realtà però, suppone una visione distorta della Trinità cristiana, composta da Dio, Gesù e Maria. La sura 5,116 riveste questa idea all'interno di un rimprovero che Allah stesso rivolge a Gesù-Issa: "O Gesù figlio di Maria, hai forse detto alla gente: «Prendete me e mia madre come due divinità all'infuori di Allah?»", accusa che ovviamente Gesù respinge.

Molte speculazioni sono sorte a proposito della fonte di tale comprensione della Trinità. È possibile che gli autori del Corano l'abbiano attinta da conversazioni con cristiani eretici, come i "filomarianiti".[132] Oltre che a rifiutare tale concezione di Dio, il Gesù-Issa coranico rimprovera di averla sviluppata contrariamente alle sue stesse intenzioni (sura 5, 117b) dopo la sua ascensione (il "richiamo" secondo la tradizione coranica). Si può dire che Gesù-Issa così definito abbia la funzione di criticare i cristiani, "che non capiscono". La responsabilità di Allah risponde alla sua volontà di tollerare le false dottrine degli uomini nel tempo tra l'ascensione di Gesù ed il giudizio, per poi castigarli (sura 5,118-120).

---

[132] Questa setta cristiana, nota anche come "Colliridianismo", ha interpretato il titolo *Theotokos* attribuito a Maria (Maria come "Portatrice di Dio") in termini di elevazione quasi divina di Maria e della sua nomina a "Sacerdotessa della Nuova Alleanza". Räisänen fa riferimento al fatto che "in Siria in particolare ... è consuetudine da tempo immemorabile riunire un padre divino, una madre divina e un figlio divino in una famiglia di dèi." Räisänen 1971, p. 84.

Quest'immagine coranica di Gesù ha un effetto indiretto sulla vita di preghiera quotidiana di ogni musulmano devoto. La breve preghiera frequentemente pronunciata chiamata "Basmala" ("Nel nome di Allah, il Compassionevole, il Misericordioso."), invocazione centrale all'inizio di ogni sura coranica e nella pratica di preghiera islamica fino ad oggi, potrebbe anche avere la sua origine in una deliberata riformulazione dell'iniziale preghiera trinitaria ("Nel nome del Padre e del Figlio e dello Spirito Santo").

3.3 L'argomentazione coranica contro la divinità di Gesù

Modelli di argomentazione

Il rifiuto della divinità di Gesù è fondato su vari argomenti, che gli autori del Corano hanno tratto soprattutto dall'ambiente ebraico o cristiano-eretico. Il fatto, per esempio, che Gesù abbia mangiato cibo conduce alla conclusione che era un uomo e non Dio;[133] la "creazione" di Gesù nel corpo di Maria è un processo analogo alla creazione di Adamo dall'argilla,[134] e quando i cristiani adducono a prove scritturistiche, sono chiamati falsificatori delle scritture.[135]

---

[133] Cfr. sura 5,75: "Il Messia, figlio di Maria, non era che un messaggero. Altri messaggeri erano venuti prima di lui... Eppure entrambi [= Gesù e sua madre] mangiavano cibo." A ciò fa seguito l'accusa che i cristiani, nonostante queste evidenze, divinizzano Gesù.

[134] Cfr. sura 3,59: "In verità, per Allah Gesù è [per quanto riguarda la sua creazione] simile ad Adamo che Egli creò dalla polvere, poi disse: «Sii» ed egli fu".

[135] Cfr. sura 3,78: "Ci sono alcuni di loro [= i cristiani] che distorcono la Scrittura con la lingua per farvi [= musulmani] credere

A parte i noti malintesi teologici, questi argomenti riflettono non le autentiche credenze cristiane, ma piuttosto le voci nel coro dei dibattiti teologici per lo più condotti in modo polemico. Il fatto che queste voci siano state conservate nel Corano è interessante dal punto di vista storico, perché il Corano si rivela così una fonte documentaria di eresie e malintesi teologici. Dal punto di vista teologico, invece, il mangiare di Gesù non può essere un argomento contro la sua divinità: la "natura divina" di Gesù non è in contrasto con i normali processi umani che sono stati parte della sua vita; la natura umana in Gesù, con tutto ciò che contiene, è – come ha definito il Concilio di Calcedonia nel 451 – "senza confusione" con la sua natura divina. Quindi la corretta comprensione di questa affermazione teologica è di grande rilevanza anche oggi nella questione sul titolo di "Figlio di Dio" attribuito a Gesù.

Il titolo di Figlio di Dio

Il punto decisivo della controversia nei confronti della cristologia ecclesiale riguarda il titolo "Figlio di Dio".[136] Anche

---

che ciò [= che dicono] è parte della Scrittura, mentre le è estraneo".

[136] Nella ricerca coranica si discute se la critica sia diretta solo contro le idee cristiane della Trinità e del Figlio di Dio, o soprattutto contro le tradizioni pagane di un/una "Dio-figlio/Dio-figlia". La sura 53,21 chiede comunque criticamente se certe figure femminili popolari tra i meccani fossero giustamente "da considerare come figlie di Dio", e la sura 43,58 mostra che i meccani percepivano Gesù come concorrente dei loro stessi dèi. Appare, quindi, ipotizzabile che gli autori del Corano avessero in mente soprattutto una polemica anti-pagana più che una polemica anticristiana.

su questo argomento, *ciò* che viene rifiutato nel Corano, non riflette la comprensione cristiana in sé, ma ciò che gli autori del Corano ne hanno capito. Così nella sura 19,88 ai "miscredenti" è attribuita l'affermazione "Il misericordioso ha preso un figlio", che viene poi respinta bruscamente. La parola usata qui per "figlio", in arabo *walad*, indica il discendente generato fisicamente. Qui come anche in altri versetti del Corano, il motivo principale della critica al titolo di Figlio di Dio è la preoccupazione di preservare la sovranità assoluta di Dio.[137]

Il Credo niceno-costantinopolitano ha affermato che Cristo è il Figlio eterno ("nato dal Padre prima di tutti i tempi") che è "generato, *non creato*".[138] Il punto principale di questa affermazione non è la parola "generato", ma piuttosto il rifiuto dell'idea che Cristo fosse "creato". In tal modo viene scongiurato un malinteso teologico: Gesù Cristo non è una creatura accanto ad altre creature, non è semplicemente una parte del creato, anche se particolarmente importante, come l'arianesimo aveva insegnato per secoli. Con la formulazione "generato, non creato" il Credo si basa sul racconto neotestamentario di Lc 1,35, secondo il quale Gesù è stato generato

---

[137] Per questo motivo, anche un uso solo figurativo del titolo "Figlio di Dio" (peraltro testimoniato all'interno della stessa Bibbia) è rigorosamente respinto, come per esempio nella sura 5, 18: "Giudei e nazareni dicono: «Siamo figli di Allah ed i suoi prediletti». Di': «Perché allora vi castiga per i vostri peccati? Sì, non siete che uomini come altri che Lui ha creato. Egli perdona a chi vuole e castiga chi vuole. Ad Allah appartiene la sovranità sui cieli e sulla terra e su quello che vi è frammezzo. A Lui farete ritorno»."

[138] Il testo originale del Credo è in greco, ma nella nota versione latina si confessa "genitum, non factum".

spiritualmente, come nell'Antico Testamento il Salmo 2,7 fa dire da Dio al "suo unto": "Tu sei mio figlio. Io stesso ti ho generato oggi."

Questi aspetti della comprensione teologica del titolo di Figlio di Dio non erano accessibili a Maometto il quale si è basato su una percezione distorta della figliolanza divina – in cui Dio sarebbe stato fisicamente coinvolto nella procreazione –, che non poteva non rifiutare.

3.4 Gesù nell'attuale approccio cristiano-islamico

Il metodo della Teologia Comparativa

Verso la fine del XX secolo negli USA – come risposta all'incontro globale di religioni e culture – si è affermata, soprattutto tra i teologi cattolici la cosiddetta "Teologia Comparativa" che si pone l'obiettivo di conoscere altre tradizioni religiose rimanendo radicata nella propria. L'iniziatore di questo movimento teologico, il gesuita e studioso statunitense Francis Clooney, definisce questo approccio come un processo di apprendimento che sfocia in intuizioni teologiche nuove, debitrici sia delle tradizioni apprese, sia della propria.[139] L'affermazione di questo nuovo approccio costituisce un passo avanti rispetto alla cosiddetta "teologia religiosa-pluralistica", che aveva cercato di spiegare la

---

[139] Cfr. Clooney, Francis X., *Komparative Theologie. Eingehendes Lernen über religiöse Grenzen hinweg* [Teologia Comparativa. Apprendimento approfondito oltre i confini religiosi] Ferdinand Schöningh: Paderborn 2013 – tradotto dall'originale inglese: Clooney, Francis X., *Comparative Theology: Deep Learning Across Religious Borders*. Chichester: Wiley-Blackwell: 2010, p. 21.

differenza delle religioni soprattutto attraverso l'adozione di diverse "lenti" religiose.

Attraverso la conoscenza di altre religioni, la Teologia Comparativa vuole condurre il Cristianesimo stesso ad un maggiore grado di "verità". La precondizione però è il distacco dalla precedente apologetica, che – in quest'ottica – ha per scopo di dimostrare solo la superiorità della propria religione rispetto alle altre.

Va però detto che il distacco dall'apologetica rivela una visione erronea di quella che era la preoccupazione principale dei primi "apologeti" cristiani, la cui intenzione era di capire e definire la specificità cristiana per evitare possibili confusioni. Con il loro sforzo gli "apologeti" hanno portato avanti un processo di discernimento riguardo alle religioni – processo già presente nell'Antico Testamento in corrispondenza con la visione di dare al mondo una forma.[140] La Teologia Comparativa prende le distanze da questa tradizione di discernimento apologetico anche perché limita il Cristianesimo all'ambito esclusivamente religioso.[141]

---

[140] Cfr. ad esempio il Salmo 115,1–9.
[141] Clooney Francis X., in una rassegna biografica sulla genesi della Teologia Comparativa, racconta come il suo insegnamento in un ambiente indù-buddista in Nepal lo abbia cambiato: "Ho dovuto imparare a insegnare, e i miei studenti indù e buddisti mi hanno insegnato molto su come pensare, agire e amare religiosamente." (Clooney, 2013, p. 27 ss.).

Il metodo comparativo
e la domanda coranica su Gesù

Il teologo cattolico Klaus von Stosch, autorevole rappresentante di questo approccio teologico[142] in Germania, assume come punto di partenza che "attraverso l'incontro con altre religioni si imparano cose decisive su Dio e sulla sua rivelazione in Cristo."[143] Applicando l'approccio comparativo al dialogo cristiano-musulmano, esso è mirato soprattutto a chiarificazioni riguardanti Gesù.

Qual è l'impatto del metodo teologico-comparativo rispetto all'immagine che il Corano ci restituisce su Gesù?

---

[142] La rilevanza della Teologia Comparativa è testimoniata da una relazione del 2019 di Klaus von Stosch: "Quando un collega mi ha recentemente invitato a una piccola conferenza sulla Teologia Comparativa a Ginevra, gli ho chiesto come gli sia venuto in mente questo tema. 'Beh, in qualche modo è nell'aria', è stata la sua risposta. E infatti, attualmente sono sempre più numerose le università al di fuori della Germania che si occupano di questo tema e le pubblicazioni internazionali che stanno prendendo forma e che, con questo nuovo metodo teologico, mostrano contorni più precisi." "Zur Lage Komparativer Theologie: ein Literaturbericht zu ihrer internationalen Entwicklung" [Sulla situazione della Teologia Comparativa: una relazione letteraria sul suo sviluppo internazionale], *Theologische Revue* 115, n. 5 (2019): Katholisch-Theologische Fakultät der Universität Münster, 355). Le finalità di dialogo della Teologia Comparativa in Germania sono fortemente sostenute anche dallo Stato: Von Stosch e il suo interlocutore musulmano Mouhanad Khorchide hanno a disposizione un gruppo di lavoro interreligioso della "Deutsche Forschungsgemeinschft" (DFG = Fondazione tedesca per la ricerca).

[143] Stosch, Klaus von 2019, p. 355.

Insieme al teologo musulmano Mouhanad Khorchide, von Stosch presenta un tentativo di avvicinamento ponendo la domanda "se sia concepibile da parte cristiana riconoscere che l'apprezzamento coranico di Gesù di Nazareth, sia nella tradizione coranica sunnita che in quella – più ampia – sciita, abbia qualcosa da dire anche ai cristiani, [...] come arricchimento della propria identità."[144] Nel corso di questo processo di avvicinamento la percezione di Gesù viene messa in discussione chiedendosi ripetutamente se "i processi di mutuo apprendimento possano avvenire senza livellare le differenze tra le due religioni."[145]

Sulla base di un'esegesi storico-letteraria del Corano si documenta in dettaglio come si è sviluppata la percezione di Gesù nel Corano. Ne risulta un'immagine di Gesù abbastanza differenziata dal punto di vista storico. Von Stosch sottolinea ripetutamente di voler mantenere la propria identità cristiana, ma rifiuta un'interpretazione "esclusivamente" confessionale: "Il mio interesse principale è esplicitamente non-apologetico e voglio evitare, se possibile, di fare proposte di interpretazione che contraddicano il Corano dal punto di vista musulmano [...]. Quindi la prospettiva qui scelta considera il Corano come un testo significativo, probabilmente di origine divina, e rispetta le tradizioni interpretative musulmane di questo testo in modo da includerle nella propria interpretazione."[146]

---

[144] Stosch, Klaus von, Mouhanas Khorchide, cur. Streit um Jesus [Disputa su Gesù. Approcci musulmani e cristiani]. Paderborn 2016, p. 7.
[145] Stosch 2016, p. 8.
[146] Stosch, Versuch einer ersten diachronen Lektüre der Jesusverse im Koran [Tentativo di una prima lettura diacronica dei versetti di Gesù nel Corano]. In Stosch 2016, p. 16.

Von Stosch giunge alla conclusione che il Corano è assolutamente pronto "a confermare alcuni punti di partenza cristologici centrali, ma allo stesso tempo mette in guardia contro sviluppi sbagliati della teologia cristiana."[147] Egli, inoltre, sottolinea la preservazione dell'idea della sovranità assoluta dell'azione di Dio come criterio decisivo per lo sviluppo dell'immagine gesuanica nel Corano. Ne emerge una nuova visione cristiana di Gesù, "sensibile al Corano", che von Stosch riassume così: "Forse è possibile [...] affermare anche con il Corano che la particolarità di Gesù è il suo essere così pieno dello Spirito di Dio da diventare per noi Parola di Dio che ci illustra, con la sua vita e i suoi insegnamenti, cosa significa essere un servo di Dio e una persona esemplare."[148]

Al termine del percorso, questo si rivela il nucleo essenziale su cui lavorare.

Questioni sul metodo comparativo

Un risultato importante di questo dialogo – anche se questa scoperta non è del tutto nuova – è che il Corano rifiuta ripetutamente quegli insegnamenti cristiani che, dal punto di vista odierno, si sono rivelati eresie o malintesi, anche se lo sforzo coranico di preservare la sovranità di Dio ha portato ripetutamente a giudizi che non riguardano affatto l'autentica fede cristiana. Al di là dello specifico risultato positivo e di un presunto progresso nel dialogo cristiano-musulmano, alcune critiche all'approccio sono tuttavia necessarie.[149]

---

[147] Stosch 2016, p. 43.
[148] Stosch 2016, p. 43s.
[149] Che questa teologia non sia immune da tentativi di appropriazione di natura politica è già dimostrato dal fatto che nel

La questione di fondo è se una "lettura di Gesù sensibile al Corano" possa armonizzare diversi punti di vista senza sottomettersi a un certo preconcetto. Come detto sopra, von Stosch "non vuole essere apologetico" né "fare proposte di interpretazione che contraddicono il Corano,"[150] ma questo non fa altro che manifestare un adattamento delle credenze cristiane alla visione coranica.

La seconda questione critica, correlata alla prima, è se la visione "cristiana" qui rappresentata non sia già così ridotta e adattata a presunti "suggerimenti pastorali" da non riflettere più la pienezza della teologia cristiana. Questa impressione è evidente quando von Stosch cerca ripetutamente di convertire dettagli della percezione coranica di Gesù in suggerimenti pastorali per i cristiani di oggi. Così raccomanda, ad esempio, di usare il discorso di difesa del neonato Gesù bambino nella sura 19,30-33 come "intuizione del cuore" che "ci invita a guardare alle capacità e ai talenti dei neonati e dei bambini con nuova attenzione."[151] La Chiesa antica, con i suoi "apologeti" presi di mira da questo approccio, aveva molta più competenza teologica per rifiutare prodotti leggendari come il discorso teologico di un neonato.

---

febbraio 2018 Von Stosch ha ricevuto il *Premio mondiale per il libro dell'anno della Repubblica Islamica dell'Iran* da Hassan Rohani, il Presidente della Repubblica Islamica dell'Iran. Alla luce della volontà ininterrottamente espressa da questo Stato di distruggere lo Stato di Israele e della brutale soppressione della sua stessa opposizione, si tratta di un riconoscimento estremamente ambiguo. Sorprendentemente, anche i media cattolici in Germania hanno apprezzato questo riconoscimento.

[150] Stosch 2016, p. 16; cfr. nota 144.
[151] Stosch 2016, p. 19.

Più grave di questo tipo di infantilizzazione pastorale è il fatto che in essa si manifesta un grave problema teologico.

Per riconoscerne la portata si deve andare a un documento del Concilio Vaticano II: "In ogni tempo e in ogni nazione è accetto a Dio chiunque lo teme e opera la giustizia (cfr. At 10,35). Tuttavia, Dio volle santificare e salvare gli uomini non individualmente e senza alcun legame tra loro, ma volle costituire di loro un popolo, che lo riconoscesse secondo la verità e lo servisse nella santità. Scelse quindi per sé il popolo israelita, stabilì con lui un'alleanza e lo formò lentamente ..."[152]

Ciò significa che il soggetto effettivo di ogni teologia è Dio stesso, che fin da Abramo si è sforzato di formare un popolo tramite il quale ha voluto preparare la "salvezza" per il mondo intero. Di conseguenza, non è il singolo credente a dover guardare un dettaglio (come "la capacità e i talenti dei neonati") con nuova attenzione – anche se, ovviamente, il popolo di Dio è comunità di singole persone. Ridurre la teologia a un "arricchimento" della vita individuale di fede significherebbe dire addio a questo fondamento del patrimonio biblico. Invece di suggerimenti pastorali seducenti e semplicistici di un Gesù "sensibile al Corano", sarebbe necessaria una nuova riflessione sulle radici che ogni discorso teologico affonda nel Popolo di Dio biblicamente testimoniato, che include Israele e la Chiesa.[153]

---

[152] Costituzione dogmatica sulla Chiesa *Lumen Gentium*, Concilio Vaticano II, n. 9, http://www.vatican.va/archive/hist_councils/ii_vatican_council/documents/vat-ii_const_19641121_lumen-gentium_it.html (ultimo accesso il 09/08/2020).

[153] Un riferimento degno di nota in questa direzione si trova, ad esempio, nell'Esortazione Apostolica Postsinodale *Querida Amazonia* di Papa Francesco del febbraio 2020, in cui si sottolinea al n. 33 l'importanza, soprattutto per i giovani,

L'investigazione sulla percezione coranica di Gesù, quindi, dovrebbe essere fatta fruttare in modo completamente diverso. La deformazione delle figure bibliche per le proprie esigenze, osservabile in tutto il Corano, può diventare il punto di partenza per riscoprire la figura di Gesù come emerge dalle fonti bibliche ed ecclesiali. La sezione seguente si presenta come una proposta in questo senso.

3.5 Una comprensione più profonda di Gesù
La sfida lanciata dalla diversità delle culture

L'esigenza di una rinnovata comprensione di Gesù da tempo si trova di fronte alla sfida di poter riuscire nell'"inculturazione" del Cristianesimo in culture ad esso estranee.[154] La questione è di importanza centrale, perché spesso nel corso della storia coloniale si è affermata la rappresentazione di un Gesù

---

di essere consapevoli delle proprie radici: "Per quanti di loro sono battezzati, queste radici comprendono la storia del popolo d'Israele e della Chiesa, fino al giorno d'oggi. Conoscerle è una fonte di gioia e soprattutto di speranza che ispira azioni coraggiose e nobili". http://www.vatican.va/content/francesco/it/apost_exhortations/documents/papa-francesco_esortazione-ap_20200202_querida-amazonia.html (ultimo accesso il 09/08/2020).

[154] Si veda il documento *Fede e Inculturazione* (1989) della Commissione Teologica Internazionale Vaticana: http://www.vatican.va/roman_curia/congregations/cfaith/cti_documents/rc_cti_1988_fede-inculturazione_it.html (ultimo accesso il 09/08/2020) ove si afferma che "L'inculturazione che prende a prestito la voce del dialogo tra le religioni non potrebbe in nessun modo dare garanzie al sincretismo." (cfr. par. 3.14 "Problemi Attuali d'Inculturazione")

europeo bianco, cui hanno contribuito molte raffigurazioni pittoriche. La reazione a questo tipo di caratterizzazione ha determinato la nascita di una "teologia postcoloniale" avente lo scopo di mettere in discussione le posizioni teologiche tradizionali.

Ma oggi, quale orientamento può servire ad una comprensione più profonda di Gesù?

La tradizione di Israele come ausilio correttivo

L'esegeta tedesco protestante Julius Wellhausen (1844–1918), già all'inizio del XX secolo, affermò che Gesù non era cristiano, ma ebreo: "Egli non annunciò una nuova fede, ma insegnò a realizzare la volontà di Dio. La volontà di Dio stava per lui, come per gli ebrei, nella Legge e nelle altre sacre Scritture che vi si aggiungevano."[155] Da allora, questa intuizione fondamentale è stata ripresa più volte, soprattutto sulla scia dell'orrore della Shoah e della riconsiderazione teologica da essa imposta, anche se con un certo ritardo. Così si legge nella Dichiarazione *Nostra aetate* con riferimento, tra l'altro, alla Lettera di San Paolo ai Romani: "Inoltre la Chiesa ha sempre davanti agli occhi le parole dell'apostolo Paolo riguardo agli uomini della sua stirpe: «ai quali appartiene l'adozione a figli e la gloria e i patti di alleanza e la legge e il culto e le promesse, ai quali appartengono i Padri e dai quali è nato Cristo secondo la carne» (Rm 9,4–5), figlio di Maria vergine. Essa ricorda anche che dal popolo ebraico sono nati gli apostoli, fondamenta e colonne della Chiesa, e

---

[155] Wellhausen, Julius, Einleitung in die drei Evangelien [Introduzione ai tre Vangeli]. Georg Reimer: Berlin 1905, p. 113. Già prima alcuni autori ebrei erano giunti a simili dichiarazioni, che però non hanno trovato eco all'epoca.

così quei moltissimi primi discepoli che hanno annunciato al mondo il Vangelo di Cristo."[156]

Da allora si è scritto molto su questo argomento[157], anche in documenti ecclesiali.[158] Anche nella catechesi e nella predicazione questi nessi divenivano temi importanti. Sempre nella direzione di un'adeguata comprensione di Gesù, nel 1979 il cardinale francese Jean-Marie Lustiger sottolineava: "Ma il mistero di Israele è al centro della fede cristiana. Se si crede di poterne fare a meno, si rivela quanto poco [...] si è cristiani."[159] Riguardo a una nuova comprensione di Gesù, sempre il cardinale Lustiger conclude: "I gentili, anche se sono diventati cristiani sono costantemente tentati di negare la peculiarità della storia della salvezza e dell'elezione [di Israele]. Essi tendono a trasformare Gesù in una mera proiezione dell'essere umano ideale che ogni cultura e civiltà porta in sé. Questo è un modo di ridurre Dio alla figura dell'uomo, in altre parole, di adorare sé stessi e di coltivare l'idolatria. Ogni cultura divenuta cristiana rischia di fare di Gesù il suo Apollo e di proiettare su di lui la propria immagine dell'uomo per compiacersi in essa."[160]

---

[156] *Nostrae aetate*, n. 4.
[157] Cfr. ad esempio le spiegazioni esaurienti di Martin Hengel e Anna Maria Schwemer in: Jesus und das Judentum [Gesù e l'Ebraismo]. Mohr Siebeck: Tübingen 2007.
[158] Cfr. ad esempio: Sussidi per una corretta presentazione degli ebrei ed Ebraismo nella predicazione e nella catechesi della Chiesa Cattolica, pubblicati nel 1985 dalla *Commissione vaticana per i rapporti religiosi con l'Ebraismo*.
[159] Lustiger, Jean-Marie: Die Verheißung. Vom Alten zum Neuen Bund [La promessa. Dalla Vecchia alla Nuova Alleanza]. Sankt Ulrich: Augsburg 2003, p. 106.
[160] Lustiger Jean-Marie: Gotteswahl [La scelta di Dio]. Piper: München, 1987, p. 77.

Anche se Lustiger parla di un pericolo in riferimento alle culture che sono diventate cristiane, le sue osservazioni possono essere applicate anche all'incomprensione coranica di Gesù, modellato ad immagine di Maometto, o profeta "ideale" standardizzato. La distorsione coranica di Gesù può quindi essere vista come un avvertimento a beneficio dei processi di inculturazione all'interno del Cristianesimo. Come esempi bastino l'invenzione della negazione della crocifissione al fine di allineare il vero destino di Gesù allo schema del profeta coranico (cfr. sura 4,157–158) come pure, nel discorso del neonato (cfr. sura 19,30–33), l'affermazione di una conoscenza, da parte di Gesù-Issa, della propria missione già dalla nascita.

Vista alla luce della citazione del cardinale Lustiger, la percezione coranica di Gesù è infatti un esempio di inculturazione non riuscita: Non è il vero Gesù testimoniato dalla Bibbia a diventare parte integrante della cultura che lo accoglie, ma al contrario, quella cultura ne plasma un'immagine a misura dei propri standard. Nel Corano, il Messia crocifisso di Israele è diventato un Gesù-Issa che, sotto la guida di Maometto, deve portare la "sua" cristianità ancora ribelle al dominio di Allah.

Un'analogia storica di questo processo di distorsione è rappresentata dall'arianesimo, la cui dottrina della subordinazione di Gesù a Dio Padre ha tenuto in sospeso la Chiesa antica per secoli. Questa falsa dottrina è stata inizialmente ripresa soprattutto dalle tribù franco-germaniche, la cui impronta culturale esigeva un solo comandante nell'esercito o un solo principe tribale. Di conseguenza, l'idea di una Trinità "uguale" era difficilmente comprensibile per questa mentalità. Tutto ciò ha fatto sì che esse abbracciassero in larga parte la proposta ariana e proiettassero l'idea di subordinazione su Gesù e sulla sua "posizione" all'interno della Trinità.

Anche contemporaneamente la cristologia della Chiesa stessa, era un correttivo decisivo nei confronti delle distorsioni dell'immagine di Gesù contribuendo così a una sua comprensione sempre più profonda. Un esempio di come ciò possa essere fatto in vista della sfida posta dall'immagine coranica di Gesù è dato da uno dei più rilevanti dogmi cristologici.

La riscoperta dell'unificazione del libero arbitrio

Partiamo da una coincidenza finora poco considerata. Esattamente al tempo delle conquiste islamiche del VII secolo fu precisato, nel Concilio di Costantinopoli III (680/681), un particolare che non era stato definito nel Concilio di Calcedonia (451): Gesù è *pienamente* un essere umano e con una *libera* volontà ha aderito alla volontà con Dio. Seguendo le intuizioni del teologo Massimo Confessore (circa 580–662, quindi un contemporaneo di Maometto!), questo Concilio ha così superato il cosiddetto "monotelismo" secondo cui Gesù avrebbe avuto una sola volontà, cioè quella divina, e sarebbe stato una specie di essere divino sulla terra con una forma umana solo esteriore. Nel monotelismo la libera volontà umana di Gesù non può non sottomettersi a quella di natura divina.

Ma questa visione unilaterale di Gesù è in contradizione con l'affermazione della *Lettera agli Ebrei* secondo cui Gesù "nei giorni della sua vita terrena, con forti grida e lacrime, portò davanti a sé preghiere e suppliche che potevano salvarlo dalla morte... Sebbene fosse il Figlio, ha imparato l'obbedienza attraverso ciò che ha sofferto" (Eb 5:7-8). In modo simile, i Vangeli sinottici raccontano la preghiera di

Gesù al Monte degli Ulivi, in cui, di fronte alla minaccia della Passione, si rivolge al Padre: "Padre, se vuoi, prendi questo calice da me! Ma non è la mia volontà, è la tua volontà" (Lc 22:42). Su questa base neotestamentaria il Concilio di Costantinopoli III afferma: "Due volontà naturali e due modi naturali di agire sono in lui (Cristo) inseparabili, immutati, indivisi e non mescolati."[161] Il Concilio, quindi, trae un'importante conclusione: "Non ammettiamo in nessun caso che Dio e la sua creatura abbiano un solo e unico modo di agire, per non elevare la creatura all'essenza divina e per non abbassare il sublime della natura divina a ciò che è dovuto alla creazione."[162]

Perché questa intuizione teologica è importante nel contesto della discussione sull'immagine coranica di Gesù?

Come nel Corano, questo dogma riconosce in Dio solo una sublimità e una potenza, che non possono essere sminuite. D'altra parte - a differenza del Corano - la libertà dell'uomo viene valorizzata: Gesù ha usato la sua libertà umana, cioè la sua "volontà", per rendersi disponibile alla volontà di Dio e alla sua opera nel mondo. L'aspetto epocale di questa scoperta è stato evidenziato dal teologo cattolico Ludwig Weimer - con riferimento a Massimo Confessore, al quale il Terzo Concilio di Costantinopoli deve questa intuizione - nei seguenti termini: "Massimo riconobbe con massima chiarezza che il monotelismo [= in Gesù vi è solo volontà divina] distrugge l'unità della libertà naturale e della libertà personale, la volontarietà dell'obbedienza e della sofferenza, che è garantita dai due poli [= Dio e l'uomo], e

---

[161] Da: Denzinger, Heinrich/Schönmetzer, Adolf (Edit.): Enchiridion Symbolorum, Definitionum et Declarationum in rebus fidei et morum. Herder: Freiburg 33 Ed. 1965, p. 556s.

[162] Denzinger/Schönmetzer, ibid.

tutto questo a favore del predominio della volontà divina. Capì che la soluzione non poteva essere raggiunta facendo di Gesù un non-umano, ma elaborando un corretto concetto di libertà la cui definizione fosse la seguente: essere liberi è acconsentire volentieri alla volontà di Dio."[163]

Se si confronta questa intuizione con le corrispondenti affermazioni del Corano, diventa chiaro che l'Islam si è arrestato ad una forma di monotelismo: una volontà onnipotente di Allah, accentuata dalla storia e dall'esperienza di Maometto, alla quale l'uomo deve sottomettersi. Che questa sottomissione avvenga con o senza il libero consenso della volontà umana è secondario.

Questa fondamentale opzione teologica nell'Islam ha conseguenze di vasta portata, perché rende impossibile la libertà religiosa e in ultima analisi anche una democrazia su base islamica, come oggi si vede in tanti casi. La secolare lotta per una corretta cristologia, d'altra parte, ha offerto fondamento spirituale ad un'immagine di Dio e dell'uomo che valorizza la libertà umana, il che ha permesso, in ultima analisi, gli sviluppi che, molti secoli dopo, hanno portato al riconoscimento della dignità umana universale.

Il dogma cristologico dell'anno 681 costituisce una pietra miliare sulla via di questa percezione matura di Dio e dell'uomo. A livello politico la separazione dal monotelismo ha aperto la via all'addio alla teocrazia e, dal punto di vista teologico, il dogma del duotelismo in Cristo ha costituito il ritorno alla visione biblica dell'uomo: già il secondo racconto biblico della creazione riconosce all'uomo la libertà di orientarsi o di opporsi alla volontà di Dio, attraverso

---

[163] Weimer, Ludwig, Die Lust an Gott und seiner Sache [La gioia per Dio e la sua causa]. Herder: Freiburg 1981, p. 117.

l'immagine dell'"albero della conoscenza del bene e del male" (Gen 2,17).

In conclusione, la persona di Gesù ricollocata all'interno della tradizione d'Israele, oltre a rendere nuovamente fertile la cristologia ecclesiale, afferma: l'accettazione libera della volontà salvifica di Dio è la risposta adeguata al suo amore, andando al di là della mera sottomissione.

Nel capitolo conclusivo le riflessioni sull'Islam di un autore ebreo e di un importante autore cristiano ne offrono un'analisi chiara e conclusioni più attuali che mai.

4. Franz Rosenzweig e Joseph Ratzinger sull'Islam

4.1 L'Islam come fenomeno complessivo

Dopo lo sguardo alle fonti e ai contenuti salienti del Corano, il quarto capitolo si presenta come il tentativo di porre domande cruciali all'Islam in quanto tale che consentano di *rispondere all'Islam teologicamente*. Un filosofo ebreo dell'inizio del XX secolo, Franz Rosenzweig (1886-1929) e un Papa dell'inizio del XXI secolo, Benedetto XVI/Joseph Ratzinger (nato nel 1927), hanno elaborato intuizioni sorprendenti a questo proposito.

Si tratta di un'analisi in cui l'Islam non è descritto nel modo in cui esso preferirebbe essere visto. Siccome questa prospettiva è divenuta inusuale viene percepita come un approccio brusco. Per questa ragione è importante sottolineare che queste intuizioni non sottintendono né una svalutazione delle persone credenti, né una diffidenza generale contro tutti i musulmani, né intendono cadere in meschini paragoni tra religioni – come nel caso del litigio tra fratelli nella parabola dell'anello di Lessing. A differenza di quella parabola, Rosenzweig e Benedetto XVI non si preoccupano di giudicare se gli ebrei, i cristiani o i musulmani si comportino in modo lodevole secondo il loro ethos ("Chi si dimostra il vero erede nelle sue azioni?") ma di restituire valore alla redenzione, alla liberazione e, in ultima analisi, alla salvezza di questo mondo.

L'Islam viene da loro trattato come un fenomeno complessivo, nella sua "essenza", e quindi lasciando da parte differenze come la distinzione tra sunniti e sciiti o tra "islamico" e "islamista". Distinzione, quest'ultima, diventata in Occidente quasi un dogma indiscutibile.[164]

È importante notare che il verbo arabo "aslama" su cui si basa la parola "Islam" significa "dare via completamente" o "abbandonare" e che questo verbo è inoltre collegato con "il volto", a significare "(dare via) l'intera persona". Il significato di "devozione-sottomissione" è, quindi, del tutto corretto. Una derivazione della parola "Islam" dalla parola araba *as-salām*, "pace", come viene proposto talvolta, anche se possibile dal punto di vista lessicale, ne oscurerebbe il vero significato. In contrasto con il significato della parola "pace" in senso occidentale, *as-salām* indica "il dominio di Allah stabilito dalle misure sociali e militari di Maometto e dei suoi successori."[165] Di conseguenza, la "casa della pace" è quella parte del mondo che è soggetta al dominio musulmano.

4.2 La percezione dell'Islam da parte di Franz Rosenzweig

Contesto biografico

Già nel 1920 il filosofo ebreo tedesco Franz Rosenzweig scriveva in modo lungimirante nelle sue note per le lezioni:

---

[164] È interessante notare che questa distinzione è respinta come assurda da noti autori islamici, per esempio da Shabbir Akhtar, professore di filosofia della religione in Virginia/USA, che la considera un'invenzione occidentale senza alcuna relazione con la reale autocomprensione islamica (cfr. nota 25: Akhtar, Islam as Political Religion, p. 4).

[165] Nagel 2018 (cfr. nota 1) p. 47. Cfr. anche sura 4,125: "Chi [potrebbe scegliere] religione migliore di colui che sottomette ad Allah il suo volto?"

"Riguardo alla storia del mondo, visto dall' esterno, il prossimo millennio sarà una lotta tra Oriente e Occidente, Chiesa e Islam."[166]

Com'è arrivato a questa conclusione?

Per tutta la sua vita Rosenzweig ha cercato di cogliere l'essenza del Cristianesimo e dell'Ebraismo e nel 1913, alla fine della sua ricerca, ha ritrovato la sua identità ebraica. Poco dopo lo scoppio della Prima Guerra Mondiale fu trasferito in Macedonia per la leva militare, dove ebbe l'opportunità di intrattenere relazioni con la popolazione musulmana locale e dedicarsi allo studio del Corano. Inizialmente fu influenzato dagli studi islamici di Ignaz Goldziher (1850–1921) e dalle considerazioni di G. W. F. Hegel (1770–1831) sull'Islam. Secondo Hegel, l'Ebraismo e l'Islam appartengono alla stessa categoria religiosa, vale a dire alla "religione della sublimità", ambedue tappe di sviluppo storicamente necessarie sulla via dello "spirito assoluto". Nel corso della sua evoluzione spirituale Rosenzweig si discostò da Hegel, sul quale aveva scritto una tesi filosofica negli anni antecedenti la Prima Guerra Mondiale.

A partire dal tardo autunno del 1914, Rosenzweig imparò l'arabo, cominciò a leggere il Corano nella lingua originale e a scrivere le sue riflessioni con l'intenzione di cogliere l'essenza di questa religione come viene presentata nel suo testo fondamentale. Si è trovato, quindi, nella stessa condizione della maggioranza dei lettori e degli ascoltatori del Corano di oggi, che vi si accostano senza essere influenzati da studi storico-critici.

---

[166] Citato in: Palmer, Gesine (Edit.). Franz Rosenzweig, „Innerlich bleibt die Welt eine". Ausgewählte Schriften zum Islam [All'interno il mondo rimane uno. Scritti selezionati sull'Islam]. Philo: Berlin 2003, p. 9.

Le sue osservazioni apparvero nella sua opera principale, *La stella della redenzione* (originale tedesco: *Der Stern der Erlösung*), pubblicata nel 1921.[167] Ciò che presentiamo qui di seguito, le intuizioni centrali di Rosenzweig sull'Islam, sono tratte principalmente da questa opera ma anche da altri scritti, e quindi commentate.

Paganesimo naturale sotto forma di rivelazione

Ne *La stella della redenzione*, Rosenzweig definisce l'Islam un "singolare caso di plagio di portata storica universale"[168] che mostra, così scrive, "come dovette configurarsi una fede nella rivelazione scaturita direttamente dal paganesimo, per così dire, senza la volontà di Dio, senza il piano della sua provvidenza, quindi in un processo causale 'puramente naturale'. Infatti, il dato essenziale di un procedimento puramente naturale di questo tipo verrebbe a essere la mancanza dell'intima inversione 'dei segni algebrici anteposti' [...] La sua potenza [= di Dio], pari a quella di un despota orientale, non si mostra nel provvedere il necessario [...], bensì nella libertà di agire a proprio insindacabile arbitrio."[169]

Questa affermazione secondo cui l'Islam è intrinsecamente un "paganesimo" si contrappone a una sua valutazione divenuta quasi indisputabile, che pone l'Islam sullo stesso piano dell'Ebraismo e del Cristianesimo, come una delle "tre religioni monoteiste" o delle "religioni abramitiche".

---

[167] Rosenzweig, Franz: La stella della redenzione. Edizione italiana a cura di Gianfranco Bonola. Vita e pensiero: Milano 2008.

[168] Rosenzweig 2008, p. 120. Sull' "accusa di plagio" si veda la breve discussione nella sezione 1.5 "La specificità islamica" [del Corano].

[169] Rosenzweig, ibid.

Secondo Rosenzweig, questo piano comune è dovuto al fatto che l'Islam assomiglia all'Ebraismo e al Cristianesimo solo dal punto di vista *esteriore* mentre in realtà, si tratta di "un tentativo di (ri)paganizzare il monoteismo esasperandolo fino a ridurlo ad una caricatura."[170]

Ciò non esclude che in singoli casi l'Islam emergente abbia apportato alcuni miglioramenti rispetto alla precedente etica arabo-beduina, come il pronunciamento di Maometto circa il divieto di seppellire i neonati indesiderati, come era consuetudine. D'altra parte, lo zelo fanatico di Maometto ebbe addirittura delle cadute rispetto al livello etico dei beduini arabi, come quando fece uccidere tutti gli uomini ebrei della tribù di Banū Quraiza nel 627.[171] Secondo le convenzioni beduine infatti "solo" la riduzione in schiavitù sarebbe stata ammessa. Quindi, rispetto a quanto già teologicamente raggiunto dall'eredità ebraico-cristiana – eredità da rendere nuovamente fruttuosa partire da questa intuizione di Rosenzweig – l'Islam rappresenta un'amara ricaduta nel paganesimo, ma in "forma di rivelazione".

---

[170] Citato da: Palmer 2003, p. 14.

[171] Si noti che nelle fonti islamiche il numero di coloro che sono stati uccisi in questa occasione è stato diminuito sempre più nei decenni successivi. Se la storicità di questo massacro è riconosciuta da parte islamica, la giustificazione dell'atto si trova nella sura 33,26-27: "Ha fatto uscire dalle loro fortezze coloro, fra la gente del Libro, che avevano spalleggiato i coalizzati ed ha messo il panico nei loro cuori. Ne uccideste una parte e un'altra parte la faceste prigioniera. Vi ha dato in eredità la loro terra, le loro dimore e i loro beni e anche una terra che mai avevate calpestato. Allah è onnipotente."

La mancanza dell'"intima inversione"

Partendo dalla constatazione che l'Islam è una religione che in un certo senso si è sviluppata naturalmente e può essere considerata "fede in una rivelazione" in virtù del paragone con altre fedi, Rosenzweig nota in essa soprattutto la "mancanza dell'intima inversione". Questa "intima inversione" avviene sempre quando il sé dell'uomo, che è chiuso in sé stesso, si apre al Dio nascosto perché, come scrive Rosenzweig, "ogni manifestarsi nel mondo dev'essere una interna inversione."[172] La persona che crede in un Dio vivente e salvifico viene così liberata dalla sua chiusura in sé stessa e può aprirsi all'unione di volontà con Dio, liberamente scelta. L'"interna inversione" è quindi qualcosa di completamente diverso dalla "sottomissione" a un Dio assolutamente al di là del mondo.

L'assenza di conversione interiore è dimostrata dal modo in cui il Corano modella alcune figure bibliche per fare sì che rispondano al modello dei giusti e dei profeti esemplari, cioè impeccabili, diventando "degni" precursori di Maometto. La Bibbia, diversamente, ne menziona gli errori senza sosta, perché il riconoscimento del proprio peccato e il conseguente pentimento sono elementi centrali della fede biblica. Questa differenza è esemplificata da due episodi biblici: la creazione del Vitello d'Oro da parte di *Aronne* (Es 32) e l'accusa contro *Re Salomone* per il suo coinvolgimento nell'idolatria (1 Re 11:5s.), laddove il Corano, invece, ha deliberatamente eliminato ogni riferimento alla peccaminosità di Aronne e Salomone.[173] Nella narrazione coranica del ritorno di Mosè

---

[172] Rosenzweig 2008, p. 232. Si noti che la parola tedesca "Bekehrung" del testo originale può anche significare "conversione".

[173] Alcuni siti internet musulmani (per esempio "Jihad della penna") giustappongono deliberatamente le rappresentazioni

dal Monte Sinai nella sura 20,95, viene inaspettatamente introdotto un "samaritano" (*Samīri*) cui viene attribuita la colpa del Vitello d'oro al posto di Aronne, che invece viene assolto senza il necessario pentimento. A proposito di Salomone, nella sura 2,102 si afferma espressamente che egli "Non era stato... miscredente", e i suoi peccati non sono mai menzionati nel Corano – in contrasto con il testo biblico originale.

Proprio questa mancanza di conversione/inversione *interiore* è vista da Rosenzweig come una caratteristica del pensiero e dell'agire pagano. Si tratta di un passo indietro rispetto a quanto già realizzato grazie all'eredità ebraico-cristiana. Dove nel Corano si parla di "conversione", come per esempio nella descrizione del faraone che annega nel Mar Rosso[174], si intende in realtà la sottomissione ai comandi di Allah, cioè il diventare "musulmani".

---

bibliche e coraniche delle figure dell'Antico Testamento per sottolineare che i giusti e i "profeti" nella versione "pura" del Corano non avevano peccati; cfr. https://theartofmisinformation. wordpress.com/2011/10/05/refutation-the-quran-is-a-copy-of-the-bible/ (ultimo accesso il 12/11/2019). In questo modo, mostrano di allinearsi alla tradizione di grandi studiosi islamici come Ibn Hazm (994–1064), che accusavano gli ebrei di attribuire dei peccati ai profeti della Torah, cioè di falsificare il testo.

[174] Cfr. sura 10,90: "Poi, quando fu sul punto di annegare, [Faraone] disse: «Credo che non c'è altro dio all'infuori di Colui in Cui credono i Figli di Israele e sono tra coloro che si sottomettono»."

Il despota orientale

La caratterizzazione di Allah come "despota orientale" da parte di Rosenzweig è senza dubbio una designazione drastica che però rappresenta adeguatamente l'immagine con cui ci si confronta leggendo il Corano. Allah vi si mostra come il rappresentante supremo di una certa etica tribale arabobeduina, i cui ordini devono essere assolutamente eseguiti. Solo chi si sottomette può sperare nella sua "misericordia". Per questa ragione, molti musulmani, essendosi già sottomessi, percepiscono Allah come misericordioso.

Un antico sovrano orientale poteva esigere sacrifici simili a quelli fatti in nome di Allah, ma ciò è vero anche oggi per l'Islam, come dimostra un esempio attuale: la lotta politicamente e religiosamente motivata contro lo Stato di Israele ammette deliberatamente "sacrifici di bambini", come si può leggere nei libri di scuola – cofinanziati, peraltro, dall'Unione Europea – dell'Autorità Palestinese. L'inizio di una poesia per i bambini di terza elementare, per esempio, recita così: "Giuro di sacrificare il mio sangue per inzuppare la terra del Generoso. E spazzerò via gli usurpatori dalla mia terra..."[175] D'altra parte, come documentano numerosi ritrovamenti archeologici in Medio Oriente, nell'antichità pagana spesso venivano sepolti vivi dei bambini nelle mura della città per guadagnarsi la protezione degli dèi pagani nelle lotte difensive. Anche se il contesto e il sistema di

---

[175] Per questo e altri esempi del genere si veda in tedesco: https://www.mena-watch.com/palaestinensischer-lehrbuecher-erziehen-kinder-zu-judenhass-und-terror/ (ultimo accesso il 29/11/2019). Inoltre, questo esempio dimostra che non solo i gruppi terroristici conosciuti come Hamas o Hezbollah incoraggiano i bambini a commettere attacchi kamikaze.

credenze erano diversi da quelli di oggi, questo fenomeno del "sacrificio dei bambini", richiesto dalla tirannia orientale, è rimasto lo stesso.

Il professore australiano di filosofia Wayne Cristaudo, che ha esaminato in dettaglio la visione dell'Islam da parte di Rosenzweig, collega questa scoperta con la persona di Maometto: "Maometto è veramente un superuomo nel senso di Nietzsche, e Rosenzweig sa che il Dio vivente non è un Dio per i superuomini. Il superuomo – così crede [= Maometto] – ha tutto ed è tutto. Quindi, perché dovrebbe essere necessaria l'umiltà interiore della conversione?"[176] L'umiltà interiore nel senso che le attribuisce Cristaudo dovrebbe significare essere consapevoli di "non avere e non essere tutto".

La validità di queste intuizioni è dimostrata in modo esemplare nel processo di conversione all'Islam, in cui è sufficiente recitare pubblicamente la formula di Allah come Unico e di Maometto come suo profeta. Con questa professione si ha – per così dire – già tutto. Non è previsto alcun processo di conversione interiore, di purificazione della propria vita dalle molteplici impronte pagane *prima* di poter accogliere l'"Unico" come determinante per la propria vita. Allo stesso modo, come più volte testimoniato nel Corano, l'unica cosa che conta nel Giudizio Universale per poter godere del paradiso è la confessione della fede islamica. La fantasiosa descrizione del Giudizio Universale, ad esempio, nella sura 56 (con il titolo "L'Evento") è servita storicamente soprattutto ad intimidire gli abitanti della Mecca, prima che Maometto vi entrasse come conquistatore. La

---

[176] Cristaudo, Wayne: "Rosenzweig's Stance Toward Islam" [L'atteggiamento di Rosenzweig verso l'Islam]. In Rosenzweig Jahrbuch 2. Karl Alber: Freiburg 2007, p. 73.

loro conversione all'Islam è avvenuta, di conseguenza, sotto minaccia di morte, un dettaglio, anche questo, influenzato dal modello del "despota orientale".

La liberazione dalle impronte pagane non è prevista dall'Islam. Non si può, quindi, parlare di una scelta che ha per fine la "redenzione del mondo" ma, secondo Rosenzweig, della sottomissione a un certo sistema "orientale".

Paralleli di un movimento riformista islamico

Alcune riflessioni critiche di Rosenzweig sull'Islam coincidono con le preoccupazioni fondamentali del movimento di riforma islamica dei cosiddetti Mu'taziliti, che ritenevano "che la distinzione tra il bene e il male sia indipendente dalla volontà di Dio e che tutte le sue azioni siano *sub ratione boni*."[177] Questo movimento, influenzato dalla filosofia aristotelica che ebbe vita tra il IX e l'XI secolo per poi scomparire, metteva al centro la libertà della volontà e della coscienza dell'uomo. Il fatto che questo movimento islamico di riforma sia esistito almeno una volta dimostra che Rosenzweig ha saputo cogliere una questione irrisolta percepita anche all'interno dell'Islam come bisognosa di riforma.

Redenzione e rivelazione

Le osservazioni di Rosenzweig sull'Islam vanno lette nel contesto del suo tentativo di ripensare la promessa biblica della "redenzione del mondo" e non si accontenta del

---

[177] Lehman, Matthias: Franz Rosenzweigs Kritik des Islam im „Stern der Erlösung" [La critica dell'Islam in "La stella della redenzione" di Franz Rosenzweig]. In: Jewish Studies Quarterly 1, n. 4, Mohr Siebeck: Princeton 1994, p. 347.

concetto che "l'essenza di Dio è allontanata ad un'altezza estranea al mondo e superbamente elevata sopra di esso"[178], come attesta l'Islam.

La stella della redenzione valorizza il triplice processo di "creazione-rivelazione-redenzione": nell'Ebraismo e nel Cristianesimo il Dio della creazione diventa, per la rivelazione, il Dio della redenzione e questo è diametralmente opposto a qualsiasi arbitrarietà. Perciò la percezione di un Dio occultato in una trascendenza impenetrabile, come nell'Islam, impedisce la redenzione della triade Dio-mondo-uomo: "Così, alla fine, il pensiero della rivelazione, dell'uscire, della mutua appartenenza e dell'unirsi degli elementi 'reali' dell'universo, Dio-mondo-uomo, è un'efficace resistenza contro l'affermazione dell'arbitrarietà del Creatore."[179] Questi tre movimenti di "uscire da sé stessi, appartenersi e incontrarsi gli uni con gli altri" caratterizzano il processo della rivelazione ebraico-cristiana, mentre nell'Islam, come Rosenzweig scrisse in una lettera, "Dio e il mondo rimangono sempre completamente diversi e quindi il divino nel mondo o il mondano in Dio scompaiono."[180] Rosenzweig conclude che il Dio Creatore dell'Islam è "ricco senza il mondo intero".[181] Di conseguenza, non c'è nessun impulso religioso nell'Islam a partecipare a una complessiva "redenzione del mondo". Secondo il pensiero islamico il mondo diventa una "casa della pace" quando si sottomette

---

[178] Rosenzweig 2009, p. 117.
[179] Palmer 2003, p. 78.
[180] Rosenzweig, a cura di Rachel: Der Mensch und sein Werk. Gesammelte Schriften I. Briefe und Tagebücher, Briefe [L'uomo e il suo lavoro. Scritti raccolti I. Lettere e diari]. Nijhoff: Haag 1979, p. 317.
[181] Rosenzweig, 2008, p. 120.

al dominio musulmano e i dettagli di questa sottomissione sono regolati dall'adesione alla Sharia.

Secondo Rosenzweig, l'"insindacabile arbitrio" di Allah è in contrasto con l'amore di Dio verso l'uomo – un amore costantemente rinnovato, istantaneo e appassionato. La risposta appropriata della persona amata in questo modo – secondo la visione ebraico-cristiana qui presentata – è la "riverenza umile-orgogliosa, al tempo stesso sentimento di dipendenza e certezza di essere al sicuro, di trovar rifugio nelle eterne braccia."[182] L'Islam, da parte sua, non conosce "un Dio che ama, come non conosce un'anima che è amata"[183], come mostra la meticolosa costrizione ad adempiere ai doveri religiosi, in cui è insito il principio secondo cui tanto più un atto di fede è difficile, quanto maggiore è la devozione dimostrata. L'attaccamento all'adempimento dei doveri nell'Ebraismo non conosce questa logica, ma è motivato da altro, dall'idea della priorità della realizzazione della volontà di Dio come espressione dell'amore per il Dio Eterno.

Rosenzweig presenta una comprensione dinamica della creazione e della redenzione, in cui Dio vuole rivelarsi in modo permanente. Wayne Cristaudo riassume questo concetto come segue: "Un tale concetto di amore [come si trova in Rosenzweig] richiede anche una rivelazione che avviene in qualsiasi momento e non finisce mai – come la creazione"[184] ed è in contrasto con quella "ribellione che Rosenzweig vede

---

[182] Rosenzweig 2008, p. 173.
[183] Rosenzweig 2008, p. 178. Questa visione dell'essenza dell'Islam non si esclude infatti che un singolo musulmano percepisca la relazione con Allah proprio così.
[184] Cristaudo 2007, p. 70.

come una caratteristica umana prima della rivelazione e dell'intima inversione."[185]

La creazione e la redenzione sono, secondo Rosenzweig, eventi continui e storicamente incompiuti e l'Ebraismo e il Cristianesimo partecipano a questa continua ri-creazione e redenzione del mondo. Rosenzweig vede la rigidità dell'Islam come legata al fatto che Maometto, "assumendo in modo puramente esterno i concetti della rivelazione, rimaneva per necessità attaccato al paganesimo"[186] senza riprendere la dinamica che accompagna questi concetti. Questo ovviamente esclude una storia che contempli un Dio vivente. Rosenzweig conclude: "L'Islam invece è religione del libro fin dal primo istante. Il libro che viene inviato dal cielo: vi può essere diversione più recisa dalla concezione per la quale Dio stesso 'discenda', dona sé stesso all'uomo, si abbandona in preda a lui? No, Egli siede in trono nel più alto dei cieli e invia all'uomo... un libro."[187] La centralità della Torah nell'Ebraismo, invece, è sottoposta ad un processo continuo di interpretazione, di cui il Talmud fornisce un'eloquente testimonianza.

Rivelazione come entità separata dal mondo

Basandosi sulla consapevolezza che "Dio non ha creato la religione, ma il mondo"[188], Rosenzweig riconosce nell'Ebraismo e nel Cristianesimo la capacità di essere una rivelazione

---

[185] Lehman 1994, p. 353.
[186] Rosenzweig 2008, p. 120.
[187] Rosenzweig 2008, p. 172.
[188] Rosenzweig, Franz: Das neue Denken [Il nuovo pensiero]. (1925), stampato a cura di G. Palmer: Franz Rosenzweig, Zweistromland [Paese di due fiumi], Berlin 2001, p. 225.

proprio *in questo mondo*, rivelazione che non è da considerarsi come un'entità separata da esso. "La rivelazione nel senso di Rosenzweig mostra ciò che la religione ha reso invisibile. Solo quando questa rivelazione sarà data, l'amore si rivelerà come evento tra Dio, l'uomo e il mondo, e solo allora il futuro potrà essere pensato come aperto a eventi e a lingue che devono ancora essere parlate."[189] Similmente al suo contemporaneo protestante Karl Barth (1886–1968), Rosenzweig, distinguendo religione e rivelazione, libera la fede biblica dalla rigidità del concetto di religione. La rivelazione biblica non è l'"ambito della sicura conoscenza di Dio accanto ad altri ambiti di conoscenza"[190], perché questo sarebbe pagano. Proprio in questo modo "pagano" il Corano comprende le "ispirazioni" apparentemente intoccabili di Maometto: come copia di un originale celeste. Ecco perché le sue affermazioni sono collocate "religiosamente", senza legami reali, accanto ad "altre aree di conoscenza." Secondo Rosenzweig sono affermazioni aggiuntive sul mondo fatte con termini religiosi presi in prestito dall'Ebraismo e dal Cristianesimo.

La distinzione tra ambito di conoscenza religiosa e ambito "mondano" ha effetti che si estendono fino alle questioni politiche attuali. È il caso delle società islamiche parallele negli stati democratici occidentali, ma anche delle formulazioni della *Dichiarazione dei Diritti Umani nell'Islam* del Cairo dell'anno 1990. La stragrande maggioranza degli stati islamici ha firmato questo documento, che si orienta per forma e contenuto alla Dichiarazione Universale dei Diritti Umani delle Nazioni Unite. Si riprende questa conquista

---

[189] Palmer 2003, p. 18s.
[190] Palmer 2003, p. 21.

come *una* realtà mondana e accanto ci si mette la *propria* realtà di riferimento, la Sharia, come mostra l'articolo 2a che stabilisce, tra l'altro, che "…è vietato sopprimere la vita [di una persona umana] tranne che per una ragione prescritta dalla Shari'ah."[191]

Le conclusioni di Rosenzweig

La visione dell'Islam da parte di Rosenzweig, qui presentata in modo condensato, è come una chiave che rende comprensibili molti fenomeni dell'Islam. Il riferimento al "despota orientale", ad esempio, aiuta a capire perché gli stati islamici democratici tendono sempre a sviluppare tratti dittatoriali[192], soprattutto nei confronti delle minoranze, come si può vedere in Turchia o in Pakistan.

Ovviamente, le intuizioni di Rosenzweig sono diametralmente opposte a certe opzioni fondamentali adottate nei circoli intellettuali in Occidente. Sono ignorate persino dai suoi estimatori o da loro interpretate come un condizionamento dovuto al suo vissuto biografico.[193] Ma è proprio sulla base

---

[191] Fonte: https://unipd-centrodirittiumani.it/it/strumenti_internazionali/Dichiarazione-del-Cairo-sui-diritti-umani-nellIslam-1990/67 (ultimo accesso il 05/08/2020).

[192] Un esempio molto eloquente riguarda l'attuale presidente turco Recep Tayyip Erdogan il quale, in un discorso pronunciato negli anni Novanta, si è espresso così: "La democrazia è come il tram. Lo prendi finché sei arrivato alla tua destinazione, poi lo lasci." (cfr. https://www.turkeyinstitute.org.uk/commentary/democracy-like-tram/).

[193] Schwartz Yossef, "Die entfremdete Nähe. Rosenzweigs Blick auf den Islam" [La vicinanza alienata. La visione di Rosenzweig sull'Islam] in *Rosenzweig, „Innerlich bleibt die Welt eine "*, p. 146: "Rosenzweig non ha sviluppato una filosofia del

della sua conoscenza dell'Ebraismo e del Cristianesimo che Rosenzweig fa le sue osservazioni sull'"essenza dell'Islam" che, ancora in fase embrionale, si distaccò consapevolmente dall'Ebraismo e dal Cristianesimo, o si appropriò di diversi elementi di queste due religioni per costruire la propria identità. Così, per esempio, il noto professore palestinese di filosofia Sari Nusseibeh ha scritto, in modo conforme al Corano, riferendosi alla *Lectio Magistralis* di Ratisbona, di cui si parlerà in seguito: "Il Giudeo-Cristianesimo non è altro che l'Islam."[194]

Il già menzionato filosofo della cultura, Wayne Cristaudo, ha sintetizzato la visione di Rosenzweig sull'Islam in questo modo: "La critica di Rosenzweig all'Islam è inquietante. Ma

---

pluralismo religioso, non ha pensato che ci sono diverse vie che portano al (Dio) Padre...". Si presuppone che Rosenzweig dopo aver preso le distanze dall'idealismo di Hegel, ora usi questa svolta biografica per criticare l'Islam: "La denigrazione dell'Islam implica una denigrazione dell'idealismo, e così Rosenzweig usa la fede religiosa straniera per rifiutare la stretta fede filosofica." ("Die entfremdete Nähe", p. 144).

[194] Nusseibeh, Sari: Violenza: Razionalità e Ragionevolezza in Benedetto XVI, Dio salvi la ragione (Edizioni Cantagalli; Siena 2007), p. 137. Questa affermazione di Nusseibeh riflette la visione del Corano sull'Ebraismo e sul Cristianesimo, per cui mettere in discussione questo punto di vista includerebbe anche una discussione critica su questa fonte. Nusseibeh va contraddetto anche perché ha affermato, in risposta alla Lectio Magistralis di Ratisbona, che questa avrebbe dovuto occuparsi delle pratiche erronee presenti in tutte le religioni, piuttosto che "delle parole che vengono proclamate dai Libri Sacri". (Nusseibeh, "Violenza", p. 137). In realtà, come si è visto, sono proprio le parole ed il messaggio dei Libri Sacri a dovere essere sottoposti a critica.

la verità è spesso più inquietante di tutto. La questione non è se ciò che Rosenzweig dice sull'Islam sia in contraddizione con la visione idealistica dell'Islam emanata dai suoi simpatizzanti ben intenzionati e da persone rispettabili che sono musulmane. Il punto è se quello che dice è vero."[195]

Le affermazioni di Rosenzweig sono vere, tra l'altro, perché si riferiscono a una "ricaduta nel paganesimo" da parte dell'Islam, pericolo che spesso minaccia anche il Cristianesimo. Le stesse chiese cristiane non sono immuni dalla difficoltà di stare al passo con la rivelazione ebraico-cristiana e rischiano di ricadere a un livello (semi)pagano. La visione di Rosenzweig sull'Islam contiene un enorme potenziale di autopurificazione anche per il Cristianesimo. Anche l'Islam potrebbe, aprendosi ad un genuino apprezzamento dell'autentica rivelazione biblica, uscire dalla prigionia di una religiosità pagana, anche se attualmente nulla sembra muoversi in questa direzione.

Un simile potenziale di illuminazione è contenuto anche nelle dichiarazioni di Papa Benedetto XVI sull'Islam, espresse nella *Lectio Magistralis* di Ratisbona nel 2006.

4.3 La *Lectio Magistralis* di Ratisbona di Papa Benedetto XVI

Contesto della *Lectio Magistralis*

Il 12 settembre 2006 il Santo Padre Benedetto XVI tenne una *Lectio Magistralis* all'Università di Ratisbona, dove insegnò come professore di teologia fino al 1977. In quel discorso programmatico dal titolo "Fede, ragione e università.

---

[195] Cristaudo 2007, p. 50.

Ricordi e riflessioni"[196] si occupò anche di rispondere alla domanda sulla "ragionevolezza di Dio" nell'Islam e nella fede biblica. Qualche giorno dopo, si registrarono aspre reazioni del mondo islamico a questo discorso, in parte anche violente, scatenate da un passaggio in cui il Papa aveva citato l'imperatore bizantino Manuele II Paleologo, che nel 1391 ebbe un colloquio con un interlocutore musulmano persiano. Il Papa aveva introdotto questa citazione osservando che l'imperatore bizantino "in modo sorprendentemente brusco, brusco al punto da essere per noi inaccettabile" pose la questione centrale del rapporto tra religione e violenza: "Mostrami pure ciò che Maometto ha portato di nuovo, e vi troverai soltanto delle cose cattive e disumane come la sua direttiva di diffondere per mezzo della spada la fede che egli predicava."[197]

Il nocciolo della *Lectio Magistralis*, però, è costituito dalle riflessioni del Papa sul rapporto tra razionalità e natura di Dio. Queste riflessioni presuppongono che la

---

[196] L'intero testo è scaricabile da: http://www.vatican.va/content/benedict-xvi/it/speeches/2006/september/documents/hf_ben-xvi_spe_20060912_university-regensburg.html (ultimo accesso il 05/08/2020).

[197] In un'intervista del 2010, Benedetto XVI ha commentato la polemica e le sue violente conseguenze che, come ha detto, lo avevano "addolorato molto" sostenendo: "Da una prospettiva politica non si considerò il discorso prestando attenzione ai particolari; fu invece estrapolato un passo e dato ad esso un significato politico, che in realtà non aveva. Quel passo trattava di un antico dialogo che, ora come allora, considero di grande interesse." (Dal libro intervista Luce del mondo. Il Papa, la Chiesa e i segni dei tempi. Una conversazione con Peter Seewald. Oscar Mondadori, 2012, p. 105).

legittima domanda sulla verità[198] non ha nulla a che fare con l'intolleranza o con una sua imposizione. Su questo punto G. W. F. Hegel mette in guardia la filosofia dal "voler essere edificante",[199] quando invece dovrebbe essere guidata dal desiderio e dallo sforzo della ragione di conoscere la verità.

Vastità della ragione

Papa Benedetto XVI giustifica il rifiuto della violenza con l'essenza stessa di Dio. Il punto di partenza della sua argomentazione è l'intuizione di Manuele II Paleologo: "Dio non si compiace del sangue – egli dice –, non agire secondo ragione, 'σὺν λόγω', è contrario alla natura di Dio. La fede è frutto dell'anima, non del corpo. Chi quindi vuole condurre qualcuno alla fede ha bisogno della capacità di parlare bene e di ragionare correttamente, non della violenza e della minaccia."[200]

---

[198] Il rifiuto di porre la questione sulla verità si basa soprattutto sul decostruttivismo, secondo cui tale questione non è né auspicabile né possibile, ma fondamentalmente relativa. Tuttavia, Friedrich Nietzsche (1844-1900) aveva scritto: "Anche noi, uomini della conoscenza di oggi, noi atei e antimetafisici prendiamo ancora il *nostro* fuoco [...] [dalla] fede cristiana, che era anche la fede di Platone per cui Dio è la verità e la verità è divina". (Nietzsche, La gaia scienza, Libro V, Aforismo 344 (Milano, 2003); citato in Robert Spaemann, "Benedetto XVI e la luce della ragione" in Benedetto XVI, Dio salvi la ragione, p. 158).

[199] In: Hegel, G.W.F: Fenomenologia dello spirito. Holzinger Verlag: Berlin, 2015, Introduzione, p. 9.

[200] Riguardo alla fonte di questa ed altre citazioni dalla *Lectio Magistralis* di Ratisbona vedi la nota 196.

Su questa base Benedetto sottolinea che nella tradizione islamica Dio può essere concepito solo come "assolutamente trascendente". E qui si incontra con l'affermazione di Rosenzweig secondo cui l'essenza Allah viene "allontanata ad un'altezza estranea al mondo e superbamente elevata sopra di esso."[201]

La ragionevolezza di Dio ha il suo fondamento biblico nel prologo del Vangelo di Giovanni, in cui tutto ha la sua origine nel *logos*. Papa Benedetto specifica cosa si intende con questo *logos*, tradizionalmente tradotto come "parola": "*Logos* significa insieme ragione e parola – una ragione che è creatrice e capace di comunicarsi ma, appunto, come ragione."

Nel prologo di Giovanni, l'illuminato pensiero greco e il messaggio biblico hanno trovato una sintesi già iniziata nell'Antico Testamento. L'arco dell'evoluzione dell'"incontro tra fede e ragione, tra vera illuminazione e religione" si estende, così spiega Papa Benedetto, per tutto l'Antico Testamento: dalla rivelazione di Dio al roveto – connessa con una missione storica e quindi nel superamento della religiosità mitologica – attraverso lo smascheramento degli dèi pagani nell'esilio babilonese, fino alla letteratura sapienziale di epoca ellenistica.

In un breve excursus Benedetto XVI poi ha dimostrato che l'impasse intellettuale del sostenere l'*irrazionalità* di Dio – sotto il segno di un suo imperscrutabile arbitrio – non è esistito solo nella tradizione islamica[202] ma anche nella

---

[201] Rosenzweig, 2008, p. 117.
[202] Come prova, Papa Benedetto si riferisce al grande studioso islamico Ibn Hazm (994–1064), per il quale Allah non è condizionato assolutamente da niente: "Se [= Allah] l'avesse voluto, l'uomo dovrebbe anche adorare gli idoli".

storia della teologia cristiana. La tradizione ecclesiale, però, "si è sempre attenuta alla convinzione che tra Dio e noi, tra il suo eterno Spirito creatore e la nostra ragione creata esista una vera analogia." Certo, si tratta di un'analogia in cui "le dissomiglianze sono infinitamente più grandi delle somiglianze", e in cui l'amore sovrasta il pensiero (cfr. Ef 3, 19), "tuttavia esso rimane l'amore del Dio-*Logos*, per cui il culto cristiano è, come dice ancora Paolo 'λογικη λατρεία' [= logike latreia, cioè "culto ragionevole"] – un culto che concorda con il Verbo eterno e con la nostra ragione (cfr. Rm 12,1)."

Con questa affermazione il Papa chiarisce che un'immagine razionale di Dio si riflette in un corrispondente servizio di culto razionale e – in aggiunta alle sue altre osservazioni sulla liturgia[203] – porta ad un disegno razionale sul mondo. Il Papa chiude l'intera *Lectio Magistralis* con un urgente appello al "coraggio di allargare la ragione" come base per un approfondito "dialogo delle culture".

Approfondire la conoscenza di Dio

L'obiettivo di un tale dialogo è l'approfondimento della conoscenza di Dio. Ammettendo le tendenze volontaristiche/arbitrarie disseminate nella storia della teologia cristiana e sottolineando che vi è una via d'uscita, il Papa ha costruito un ponte con il mondo islamico per raggiungere la "logica di Dio", del Dio comune. Come nel pensiero di Rosenzweig, Papa Benedetto XVI cerca di superare la divisione tra "conoscenza di Dio" e conoscenza generica. Anche l'Islam, come già il Cristianesimo, potrebbe partecipare all'incontro tra

---

[203] Cfr. a questo proposito anche Joseph Ratzinger, Introduzione allo spirito della liturgia (San Paolo Edizioni, 2014).

Ebraismo e filosofia greca e sperimentare un allargamento della percezione di Dio.

Ciò consentirebbe anche di superare il concetto della cosiddetta "doppia verità" sviluppato dal filosofo islamico Averroë (1126-1198) secondo il quale vi è "da un lato la verità riconosciuta ed espressa dai filosofi attraverso il linguaggio della logica e della ragione, e dall'altro quella accessibile a un pubblico più vasto, espressa con il linguaggio dell'allegoria e della religione."[204] Tentativi di superare questa divisione sono già stati elaborati dalla stessa tradizione islamica: nel Medioevo, le opere dei filosofi classici greci furono tradotte in arabo, mediate dai circoli nestoriani e contro le resistenze iniziali degli studiosi islamici ortodossi. Furono integrate nel mondo musulmano e nel suo canone di conoscenza da dove hanno trovato l'accesso alla filosofia e alla teologia europea medievale. È già esistita, quindi, una fase storica, seppure breve, in cui la teologia islamica e la filosofia greca hanno convissuto. Se questo rapporto venisse riscoperto all'interno dell'Islam, il riferimento del Papa alla "ragionevolezza di Dio" potrebbe essere l'argomento decisivo per ripudiare la violenza in nome della religione. Perciò ogni approfondimento che riguardi il riconoscimento di Dio e della sua ragionevolezza intrinseca contiene un grande potenziale di speranza.

Ostacoli sulla via della comprensione

Purtroppo, numerose reazioni musulmane alla *Lectio Magistralis* del Papa hanno dimostrato che il concetto della ragionevolezza di Dio conforme al Logos è appena comprensibile, dal loro punto di vista. Poiché, secondo il Corano,

---

[204] Nusseibeh, Violenza, p. 119.

Allah ha creato anche la ragione, questa non può contraddirlo. Nella tradizionale concezione islamica, il musulmano raggiunge la ragione "per ispirazione"[205], la quale si nutre di memoria, linguaggio e virtù. Inoltre, guardando alla radice della parola araba, il termine *ragione ('aql)* è legato principalmente al significato di "trattenere, impedire di perdersi" – un termine che designa anche le redini del cammello – e si riferisce principalmente al tenere la lingua sotto controllo.[206]

Singole voci del mondo islamico, tuttavia, hanno attestato che la *Lectio* ha toccato un tema di grande attualità: quello della frattura, nel mondo arabo, tra modernità e tradizione. In questo contesto è un segnale incoraggiante lo sforzo, da parte islamica, di trovare una reazione comune alla *Lectio*: In una lettera aperta ai leader cristiani sotto il titolo "Una Parola Comune tra Noi e Voi"[207], pubblicata nell'autunno del 2007, 138 studiosi musulmani hanno sottolineato nell'unicità di Dio e nell' "amore per il prossimo" il comune patrimonio biblico e musulmano.[208] Il documento si

---

[205] Farouq, Wael: Alle radici della ragione araba. In Benedetto XVI, Dio salvi la ragione, p. 75.

[206] Per osservazioni più dettagliate da parte di Farouq, "Alle radici", p. 75s.

[207] Il testo in italiano della lettera è scaricabile al sito *www.acommonword.com* nella sezione download. Questa dichiarazione è stata pubblicata un anno dopo la pubblicazione di una lettera aperta da parte di 38 studiosi musulmani in risposta a papa Benedetto un mese dopo la sua *Lectio*, con la quale si è voluto puntualizzare il significato della trascendenza di Dio, dell'uso della ragione e dell'uso della violenza in prospettiva islamica.

[208] Già lo studioso islamico medievale Ibn Hazm, citato nella *Lectio* di Ratisbona, si esprimeva su questa linea: "Per Ibn Hazm è l'Amore, più che la Ragione […] ciò che fa girare il mondo!" (Nusseibeh, "Violenza", p. 121).

chiude con un appello al rispetto reciproco, ma senza che si sia entrati nella questione sollevata da papa Benedetto sulla ragionevolezza di Dio per non avallare il rifiuto deciso di qualsiasi tipo di coercizione, come espresso dall'imperatore Manuele II: "La fede è frutto dell'anima, non del corpo. Chi quindi vuole condurre qualcuno alla fede ha bisogno della capacità di parlare bene e di ragionare correttamente, non invece della violenza e della minaccia."[209]

In merito a questo, da parte islamica – soprattutto in Occidente – si fa volentieri riferimento alla sura 2,256 in cui si legge, all'inizio del versetto: "Non c'è costrizione nella religione" ma questa affermazione non costituisce una legittimazione della libertà di religione. L'intero versetto 256 e il successivo versetto 257, infatti, rivolgono un enfatico appello ai gentili a convertirsi all'Islam[210] e alla fine del versetto 257 si legge: "Coloro che non credono hanno per

---

[209] Nell'intervista del 2010 (già citata nella nota 197), Papa Benedetto XVI riflette sul fatto che riguardo alla questione del rapporto tra violenza e ragione, che deve essere chiarita all'interno dell'Islam, è stata avviata una riflessione. Restano, comunque, aperte importanti questioni: "A questo si collega anche la domanda se della tolleranza faccia anche parte il diritto a cambiare religione. Questo è un aspetto che gli interlocutori islamici riconoscono con difficoltà. Chi è giunto alla verità, si dice, non può più tornare indietro. In ogni caso abbiamo instaurato un dialogo ampio e intenso, nel quale ci avviciniamo gli uni agli altri e impariamo a comprenderci meglio. E così forse possiamo anche meglio dare un contributo comune in questo difficile momento storico." (Benedetto XVI, Luce del mondo, p. 106s.).

[210] Si vedano i corrispondenti riferimenti di Nagel 2018, p. 44 (cfr. nota 1).

patroni gli idoli che dalla luce li traggono alle tenebre. Ecco i compagni del Fuoco [= i miscredenti] nel quale rimarranno in eterno."

4.4 Sintesi e prospettive

Le affermazioni di Franz Rosenzweig e Joseph Ratzinger sull'Islam provengono da due epoche e contesti diversi, eppure vi si possono osservare sorprendenti convergenze.

Un punto comune riguarda la percezione dell'Islam come "ricaduta": nel paganesimo, secondo Rosenzweig; in una irrazionalità che non raggiunge più l'altezza della visione biblica di Dio, secondo Papa Benedetto XVI. Questa regressione è stata in parte dovuta all'equazione tra stato e religione, come il cardinale Joseph Ratzinger aveva detto in un'intervista già nel 2003: "Perché fino a Cristo l'identificazione di religione e stato, divinità e stato, era quasi necessaria per dare stabilità allo stato. Poi l'Islam ritorna a questa identificazione tra mondo politico e religioso, col pensiero che solo con il potere politico si può anche moralizzare l'umanità."[211]

Ciò che Rosenzweig definisce "ricaduta nel paganesimo" e quindi allontanamento dalle dinamiche del messaggio biblico, diventa per papa Benedetto un invito a tutti – anche ai musulmani – ad aprirsi liberamente alla ragione, accessibile a tutti, e alla sua vastità. Alla "ragione laica" il Papa indirizza l'appello a non chiudersi davanti alle tradizioni teologiche, in modo tale, come ha spiegato in un'altra intervista qualche anno dopo la *Lectio* di Ratisbona, da togliere all'

---

[211] Dalla conversazione con Antonio Socci del 26 novembre 2003 (Il Giornale 2003: http://papabenedettoxvitesti. blogspot.com/2009/07/intervista-di-antonio-socci-al.html, ultimo accesso il 05/08/2020).

"Islam monoculturale" il pretesto per costituirsi come il solo "difensore della religione contro l'ateismo e il laicismo."[212]

Nella *Lectio Magistralis* di Ratisbona Joseph Ratzinger/ Papa Benedetto XVI è riuscito a mostrare quanto la tradizione biblica converga con e conduca a un pensiero e a un'azione razionali, e nella *Stella della redenzione* Rosenzweig dispiega la dinamica del messaggio biblico in un discorso filosofico guidato dalla ragione.

Quali prospettive ne derivano?

Rosenzweig e Ratzinger/Benedetto XVI hanno mostrato che, tanto il messaggio biblico che la ragione, devono prima essere riscoperti in modo nuovo e convincente, affinché le loro dinamiche possano diventare efficaci. Un autentico dialogo tra le culture, come auspicato da Papa Benedetto XVI e come continuato da Papa Francesco nel suo modo specifico, potrebbe trovare beneficio da questo duplice approccio, che combatte le difficoltà non dall'esterno e tantomeno svalutando le persone, ma le supera seguendo dall'interno la via della ragione, al di là della sottomissione e quindi al di là di ogni pregiudizio.

Franz Rosenzweig ha realisticamente intuito già cento anni fa che la "lotta tra Oriente e Occidente, Chiesa e Islam" darà forma al millennio appena iniziato, e rivalutare la sua risposta filosofico-teologica all'Islam darebbe un contributo decisivo al riguardo.

Ugualmente, sviluppare, seguendo Papa Benedetto XVI, la consapevolezza che agire secondo il *Logos* corrisponde alla natura di Dio, è un progetto altrettanto ambizioso, un compito che riguarda sia il Cristianesimo al suo interno che ogni suo realistico dialogo con l'Islam.

Questo libro vuole offrire un contributo a questo compito.

---

[212] Così Benedetto XVI nel libro intervista Luce del mondo, p. 108.

Bibliografia

Abramowski, Luise et al. (ed.): A Nestorian Collection of Christological Texts. Volume I, Syriac Text; Volume II, Introduction, Translation and Indexes. Cambridge University Press: Cambridge 1972

Akhtar, Shabbir: Islam as Political Religion. Routledge: Londra 2011

Benedetto XVI: Dio salvi la ragione. Edizioni Cantagalli: Siena 2007

Benedetto XVI: Luce del mondo. Il Papa, la Chiesa e i segni dei tempi. Una conversazione con Peter Seewald. Oscar Mondadori: Milano 2012

Benedetto XVI: Fede, ragione e università. Ricordi e riflessioni. Discorso del Santo Padre del 12/09/2006 all'Università di Ratisbona. In: http://www.vatican.va/content/benedict-xvi/it/speeches/2006/september/documents/hf_ben-xvi_spe_20060912_university-regensburg.html (ultimo accesso il 05/08/2020)

Busse, Heribert: Die theologischen Beziehungen des Islams zu Judentum und Christentum. Wissenschaftliche Buchgesellschaft: Darmstadt 1991

Clooney, Francis X.: Komparative Theologie. Eingehendes Lernen über religiöse Grenzen hinweg. Paderborn: Ferdinand Schöningh: Paderborn 2013

Colpe Carsten: Das Siegel der Propheten. Historische Beziehungen zwischen antikem Judentum, Judenchristentum, Heidentum und frühem Islam. Arbeiten zur neutestamentlichen Theologie und Zeitgeschichte. ANTZ Band 3: Berlino 2006

Cristaudo, Wayne: Rosenzweig's Stance Toward Islam. In: „Rosenzweig Jahrbuch 2". Karl Alber: Friburgo 2007

Denzinger, Heinrich (ed.): Enchiridion Symbolorum, Definitionum et Declarationum in rebus fidei et morum. Herder: Friburgo 1965

Dichiarazione Sulle Relazioni della Chiesa con le Religioni Non Cristiane Nostra aetate, n. 4. In: http://www.vatican.va/archive/hist_councils/ii_vatican_council/documents/vat-ii_decl_19651028_nostra-aetate_it.html (ultimo accesso il 08/08/2020)

Gnilka, Joachim: Bibel und Koran. Herder: Friburgo 2004

Goldsmit, Lazarus (ed.): Der babylonische Talmud. Jüdischer Verlag: Berlino 1903

Glucksmann, André et al. (ed.): Gott, rette die Vernunft. Die Regensburger Vorlesung des Papstes in der philosophischen Diskussion. Sankt Ulrich: Augusta 2008

Hartwig, Dirk et al.: Im vollen Licht der Geschichte. Ergon: Würzburg 2008

Hennecke, Edgar (ed.): Neutestamentliche Apokryphen in deutscher Übersetzung. Mohr: Tubinga 1970

Il Sacro Corano – traduzione italiana. In: http://www.sufi.it/Corano/2.htm (ultimo accesso il 05/08/2020)

Khadduri, Majid: War and Peace in the Law of Islam. The Lawbook Exchange: Clark/New Jersey 2006

Lehmann, Matthias: Franz Rosenzweigs Kritik des Islam im „Stern der Erlösung". In: Jewish Studies Quarterly Vol. 1, No. 4. Mohr Siebeck: Princeton 1994

Lumen Gentium. Costituzione dogmatica sulla Chiesa *Lumen Gentium,* Concilio Vaticano II, n. 9, http://www.vatican.va/archive/hist_councils/ii_vatican_council/documents/vat-ii_const_19641121_lumen-gentium_it.html (ultimo accesso il 09/08/2020)

Lustiger, Jean-Marie: Gotteswahl. Piper: Monaco di Baviera 1987

Lustiger, Jean-Marie: Die Verheißung. Vom Alten zum Neuen Bund. Sankt Ulrich: Augusta 2003

Maier, Bernhard: Koran-Lexikon. Kröner: Stoccarda 2001

Mani/Manichäismus. In: Lexikon für Theologie und Kirche. Band 6. Herder: Friburgo 2009, S. 1266

Nagel, Tilman: Was ist der Islam? Grundzüge einer Weltreligion. Duncker&Humblot: Berlino 2018

Nestorius, Nestorianismus. In: Lexikon für Theologie und Kirche. Band 7. Herder: Friburgo 2009, S. 747

Neuwirth, Angelika: Der Koran als Text der Spätantike. Verlag der Weltreligionen: Berlino 2010

Neuwirth, Angelika: Koranforschung – eine politische Philologie? De Gruyter: Berlino 2014

Palmer, Gesine (ed.): Franz Rosenzweig, „Zweistromland". Philo: Berlino 2001

Palmer, Gesine (ed.) Franz Rosenzweig, „Innerlich bleibt die Welt eine". Ausgewählte Schriften zum Islam. Philo: Berlino 2003

Räisänen, Heikki: Das koranische Jesusbild. Ein Beitrag zur Theologie des Korans. Finnische Gesellschaft für Missiologie und Ökumenik: Helsinki 1971

Ratzinger, Joseph: Gesammelte Schriften JRGS 13/2. Herder: Friburgo 2016

Ratzinger, Joseph: Gesammelte Schriften JRGS 13/3. Herder: Friburgo 2017

Reynolds, Gabriel Said (ed.): The Qur'an in Its Historical Context. Routledge: Londra 2008

Reynolds, Gabriel Said: The Qur'an and Its Biblical Subtext. Routledge: Londra 2010

Roncaglia, M. P.: Élements Ébionites et Elkésaites dans le Coran. In: POC [Proche-Orient Chretien] 21: Gerusalemme 1971, p. 101–126

Rosenzweig, Franz: La stella della redenzione. Vita e pensiero: Milano 2005

Rosenzweig, Rachel (ed.): Franz Rosenzweig, Der Mensch und sein Werk. Gesammelte Schriften I. Briefe und Tagebücher. Briefe. Nijhoff: Haag 1979

Simon, Róbert: Mani and Muhammad. JSAI (Jerusalem Studies in Arabic and Islam) 21: Gerusalemme 1997

Speyer, Heinrich: Die biblischen Erzählungen im Qoran. Olms: Hildesheim 2013

Stosch, Klaus von et al. (ed.): Streit um Jesus. Schöningh: Paderborn 2016

Stosch, Klaus von: Zur Lage Komparativer Theologie. In: Theologische Revue 2019 Nr. 5. Hrsg. Katholisch-Theologische Fakultät der Universität Münster: Münster 2019

Stötzel, Arnold: Verstehen der jüdisch-christlichen Offenbarung angesichts des Islam. In: Heute in Kirche und Welt 1/2002 e 2/2002. Bad Tölz 2002, p. 4–5

Weimer, Ludwig: Die Lust an Gott und seiner Sache. Herder: Friburgo 1981

www.ingramcontent.com/pod-product-compliance
Lightning Source LLC
Chambersburg PA
CBHW060838190426
43197CB00040B/2674